古坂大魔王
芸人・プロデューサー

バズりませんか??
ピ?

ピコ太郎のつくりかた

NEWS PICKS × GENTOSHA 幻冬舎
NEWSPICKS BOOK

ピコ太郎のつくりかた

はじめに

2016年9月28日、残暑が厳しい早朝に事件は起きた。

ユーチューブに投下しておいたピコ太郎の動画「PPAP」を、グラミー賞ウィナーのスーパースター、ジャスティン・ビーバーが「My favorite video on the internet 😂😂😂😂😂😂😂😂」（僕の好きなネット動画）とツイートしてくれたのだ。

絶賛爆睡中の午前5時過ぎ（日本時間）、1億人のフォロワーが世界中で一斉に「PPAP」の動画を見始めた。たった40文字ほどのツイートを引き金に、怒濤の勢いでピコ太郎がバズったのだ。よもやこんな事態になろうとは、誰も予想だにしなかった。

思い返せばピコ太郎の動画作りは、私、プロデューサー古坂大魔王による孤独な戦いから始まった。プロデューサー、テクノDJとしてとことん追求してきた音楽を、自分が納得できる形でミニ動画にまとめたい。その夢を実現するため、僕は自腹を切ってスタジオを借りた。６時間集中して20曲を撮影し、わずか10万円の予算でピコ太郎の動画を完成させた。

プロの音楽家にしかわからないような、ツウ好みのこだわりを徹底的に放りこんだ動画が完成した。

その動画がジャスティン・ビーバーの目に留まったのは、偶然ではなく必然だったのかもしれない。

「バズる」の語源は、ハチや機械が発するブーンという音（buzz）なのだそうだ。人々のつぶやき、人々のざわつきが広がり、ネット上で拡散する威力はすさまじい。

何百万匹ものイナゴの大群が発生し、田畑を一斉に飛び回る映像をニュースなどで見たことがあると思う。あれと同じように、バズりすぎたピコ太郎のうねりは、もはや誰にも止められなかった。

ジャスティン・ビーバーのツイートをきっかけに、古坂大魔王の人生は一変した。ＣＮＮやＢＢＣがすぐさま「ＰＰＡＰ」を報道した結果、世界中の報道機関でピコ太郎が紹介された。まるで警報が24時間鳴り響くかのように、僕のスマートフォンにはひっきりなしにあちこちから連絡が入る。それからしばらく、いつ寝たのか記憶にないほど目まぐるしい日々が続いた。

日本レコード大賞や紅白歌合戦に出るくらいならば、日本限定の話だからたいしたことはない。ワールドワイドにバズったおかげで、ピコ太郎は世界中からお座敷がかかった。信じがたいことに、米ニューヨークの国連本部でPPAP「SDGs」verを披露したり、東アフリカのウガンダ共和国から招待を受けて大統領と会談したり、トランプ大統領と安倍首相との3ショットを撮ったり、ピコ太郎は外交官のように国境を越えた活動を繰り広げるようになったのだ。

「ペンパイナッポーアッポーペン」という単純極まりない歌詞は、英語が苦手な日本人であろうが、アフリカや東南アジアの子どもたちであろうが、人種・民族・宗教・性別の違いも、貧富の格差もすべて乗り越えて広がる。総予算10万円で作られたピコ太郎の「PPAP」は、世界共通言語として人々に受け入れられた。

青森の片田舎出身の男が、いかにしてプロデューサー古坂大魔王へと成長していったのか。お笑い芸人として仕事を始めた古坂大魔王が、なぜ音楽の魅力にのめりこみ、自分で動画を作るようになったのか。

初めて記すデビュー作の本書を通じて、「ピコ太郎のつくりかた」を綴りたい。

本書を読み終わった皆さんが、明日からそれぞれの持ち場で、新たなイノベーションを起こし始めることを祈りつつ。

目次

第4章 世界でバズる方法

第1章

スキマで生き残る

勝負するため外に出て行く

01

幼いころ、青森市が僕にとって世界の真ん中だった。

「近所の青森放送に行けば憧れのビートたけしさんに会える」。青森放送で僕の好きなテレビ番組が作られていると思っていたのだ。

あるとき、NHK青森放送局の第二次世界大戦の青森空襲を取り上げる特別番組のインタビューを街で受けた。

「小学生から見た戦争」というテーマだったが、たけしさんになった気持ちでおもしろおかしいことをベラベラしゃべりまくった。今思えば「空襲」で笑わそうなんてとんでもないことだけれど……子どもなのでご勘弁を。

だけど後日テレビで放送された自分の姿を見て愕然とした。

「なんだこの言葉。僕の知っているテレビスターの言葉じゃね！」

津軽弁丸出しでしゃべる自分と、標準語の字幕。

僕がしゃべる津軽弁は方言であって、全国放送では通じない。ものすごいショックを受けた。

青森は世界の中心ではないことに気づいてしまったのだ。

「たけしさんに近づくためには東京に出て行かなきゃ意味がない。いづまでも青森にいだら駄目だ」

僕は必死でラジオを聞きまくり、標準語を覚え始めた。家族、友人以外といるときはなるべく標準語にしてみた。同時に「ウンチ君」というオリジナルコントをクラスのみんなに披露したりもしていた。……「ウンチ君」。おい。

中学2年生のとき、チャンスが訪れた。山田邦子さんの「スター生たまご・邦子の今ドキ芸能界」という番組のオーディションが、青森に来たのだ。その番組で学校でやっていたショートコントを披露してみたら、なんと予選通過！　更に東京にて行われた大会収録にて……なんと優勝した。

「スター生たまご」では、素人時代の松村邦洋さんや石塚英彦さんがしのぎを削っていたからレベルは低くなかった。学校内含め、とにかく特別視された。

すこし自信を得た僕は高校でもコントを作ってはライブをやったりし、卒業するや否や、すぐさま親元を飛び出し上京。

当時、青森には芸能界を……ましてお笑い芸人を目指して東京に行く若者などいなかった。つまり、肌感覚としては「日本を飛び出し、アメリカやイギリスに行って世界的スターを目指す！」に近いものだった。家族を含め周りからは無理だと言われ続けた。特にお母さんの反対は……キツかったなぁ。

しかし憧れのたけしさんやとんねるずさんに近づくため、テレビの世界に入るためには東京に行くしか方法はなかった。

東京には、ウッチャンナンチャンさんや出川哲朗さん、バカリズムなどを輩出した日本映画学校（現・日本映画大学）がある（正確には神奈川県だが……当時の僕にしてみたらそんなに変わらないので、敢えて）。

親を納得させるためにいったんそこに入学。しかし学校は3カ月もしないうちに自主卒業。

渡辺正行さんが主催する「ラ・ママ新人コント大会」や、「太田プロライブ」など、東京には新人がチャレンジできるお笑いライブがたくさんあった。お客さんもたくさん来ていた。

そのライブで話題になると、芸能事務所の目に留まってスカウトされる。

僕はお笑いトリオ「底ぬけＡＩＲ－ＬＩＮＥ」を結成し、必死でライブに臨んだ。

僕のお笑い人生がスタートした、19歳の夏である。

ピコ太郎のつくりかた
①

新しい場所へ
出て行け

青森から東京へ、お笑いから音楽へ。もっと大きい世界に君も今いる場所を飛び出してみよう。

新しい場所に出ることこそ一番のチャンスだ。

スキマを見つける

02

さて、意気揚々と東京に飛び出したはいいが、東京ではなかなかウケない。

青森で一時的に人気者になったかのように錯覚したのは、単純に「子どもがお笑いをやっているから」ということと「他にいなかったから」ということ。子どものくせにボケたりツッコミを入れたりすれば、大人はニコニコしながら拍手を送ってくれる。

18歳を過ぎれば、「子どもの漫才」と微笑ましく見守ってくれる大人なんて誰もいない。

東京でウケるためには、一刻も早くお笑い芸人としての「本当の実力」をつける必要があった。

幸い僕には、身長186センチの長身という利点がある。

自分好みのシュールなコントを控えて「ウワーッ!」とでかい声でコントをやるようにしたら、うるさいノッポとチビ2人がドタバタ劇をやっているのがおもしろいのか、すこしだけウケ始めた。

しかし僕の同世代には、くりぃむしちゅーやネプチューンたちのような化け物がたくさんいた。勢いだけの「底ぬけAIR-LINE」では到底かなわなかった。

雑誌でお笑い芸人特集が組まれても、僕らはいつも白黒ページで扱いが小さい。「ボキャブラ天国」に出れば、くりぃむしちゅーやネプチューンは3分の枠をもらえるのに、僕らの持ち時間は20秒しかない。

どうすればお笑いの世界で、オンリーワンの個性、いやさ、すこしでも「食える力」を発揮できるのだろう。

3人で話し合った結果、「音楽コント」というニッチなジャンルが見つかった。

今の時代は、どうしても、トークや大喜利などで笑わせるもの以外は、ちょっと邪道と思われるところがある。顔芸や動き芸などは何なら「下」に見る風潮まである気がする。音楽を混ぜると「お笑い」というジャンルからさえ排除されてしまう。

ただ、僕らが子どものころは、ザ・ドリフターズさんにしろ、とんねるずさんにしろ、クレージーキャッツさんにしろ、音楽とお笑いってすごく融合していた。融合どころか、元から一緒だった、というイメージがあった。

だから音楽とお笑いが分けられるのはちょっと気持ちが悪かった。

人は笑うときは機嫌がいい。機嫌が悪くても笑えばよくなる。音楽もそう。機嫌がいいと鼻歌も歌えば踊りもする。同じだよ。まったく同じではないが、近い感情だ。ざっくり同じさ。当時からそう語っていた気がする。

子どものとき、僕はドリフさんを見ながら「ババンババンバンバン」とか「ババババー」とか「デデッデデ、デデッデデ」とか、とんねるずさんを見ながら「ガラガラヘビが」とか、ああいうので踊るのが大好きだった。更にそれらで笑ってもらうのが大好きだった。

僕は、20代前半でカネもないのに最新式のパソコンを買い、本気で音楽を研究し始めた。やはり何をするにも本物を使わなければわからないこともある。本物のドラムやシンセでバスドラムのドン！　ドン！　という重低音を録音し、ベースシンセをブリブリ鳴らし、自分たちのオープニングテーマを自作する。ライブではそれで登場したりした。

更にお笑いライブとは別に音楽ライブも主催、出演する。こだわった音楽をベースとし、ひとつにパッケージ化された独特な世界観を作ってみることにした。都内のライブハウスではなかなかウケがよかった。音楽はまだまだだったかもしれないけれど……MCなら負けない。所々プロの音ネタをブッこむ。ウケる。またイベントに呼んでもらえる。そこで得た音楽経験とライブ感覚をお笑いに還元する。これを繰り返した。

他の芸人から見ると、おかしな方向に進んでいるように見えたかもしれないけれど（実際、先輩方から結構酷く言われたこともある）、僕にとってお笑いと音楽を合わせることは自然なことだった。

そもそも、僕は人とかぶることが嫌いだ。ああ、嫌いだ。

たとえば着る服にしても、誰かが僕と同じものを着ているのを見た瞬間に、その服を着なくなる。何ならあげちゃう。同じものを着るのが、なんだか嫌なのだ。

僕は小さいときから隙間を探してきた。

家では、兄貴は頭がよくて真面目で我が強い人間で、弟は優しい人間だった。だから、この隙間を探して、僕はきっと笑わせたり、変なことをしたりすることが、自分の個性だろうと思っていた。

学校でも、イケメンは超モテる、スポーツマンもモテる、頭がいいやつもモテる。

……僕には何もないぞ？　さあどうする？　変なことをしよう！　笑わせよう！

と思い立った。

僕に限らず、お笑い芸人ってそういう人が多いと思う。お笑い芸人って、ブサイクがモテるための隙間産業だ。

青森の田舎者だった僕は、当時お笑いの実力の壁にぶつかったことで、新しい隙間を見つけて、ピコ太郎の原型となるモデルを作り上げていったのかもしれない。

無論、僕とピコ太郎はまったくの別人だから、プロデュースに活かしたわけさ。

ほら、顔がまったく違うもの。マナカナくらい違うもの。ほら。

ピコ太郎のつくりかた
②

自分はどこでなら勝てるのか見極めろ

イケメンでもない、頭もよくない、だからお笑いをやる。
お笑いでもフリートークでも勝てないなら音楽をやってみる。
天才じゃない限りスキマで生きるしかない。
君も自分はどこで一番輝けるか考えてみよう。

自己評価より他者評価

03

青森にいたころの僕は、文字どおり「井の中の蛙《かわず》」だった。何なら「井の中の蛙の胃の中のハエ」っっても過言ならず。

何度も言うが青森の田舎には、お笑い芸人を本気で志す人間なんて当時はいなかった。

18歳まで敵は周りにおらず、漫才やコントを普通にやるだけでみんなが笑ってくれた。

小さな井戸の中で暮らしているカエルの胃の中のハエは、胃の外の井戸の更に外に大きな川や池、大海があることを知らない。

そこにとてつもない化け物がひしめいていることを、想像すらできない。

青森という「胃の外の井戸」から東京という「大海」へ出てきた18歳の僕は、お笑いの世界のレベルの高さに打ちのめされた。ダウンタウンさんやとんねるずさんといった先輩の足元にも及ぶはずもなく、同期もすごい技術を携えた猛者がワンサカひしめいていた。

高卒で青森から東京に出てきた僕には、地方出身の若者というハンディキャップもあった。18歳の田舎者にとっては、新宿や渋谷がどういう位置関係にあるのかもよくわからない。何より東京全体に馴染めていない。

同期は4~5歳上の人が多く、東京で僕より長く暮らしてきた彼らとは、知識も経験も格段の差があった。

ライブの締めは大体が芸人同士のエピソードトーク。フリースタイルでしゃべりと発想の巧みさを競っていく。

そこで自分は完全に「井の中の蛙の胃の中のハエ」だと思い知った。

青森で普通の高校に通っていた僕に、東京の客がドッと笑うエピソードなんてない。

とんでもなくキツいバイトをやった経験なんてないし、恥ずかしい失敗談だってとぼしい。まして田舎の青森をネタにして笑えるほど大人にもなっていない。

要するに、僕は何者でもない「ただのデカイ田舎者」だったのだ。

かたや同期の芸人は、ヘンなバイトの経験談にしても、食えない貧乏生活の苦労話にしてもストックが違う。エピソードトークで張り合おうとしても、周りの同期とはまるで勝負にならないのだ。

悔しい。なんとかして僕もウケたい。だから、「とにかくでっかい声を出す」という芸に走った。

大きく動いてでっかい声でテンポよく叫んだ。他の芸人がしゃべろうとしても、被せてしゃべった。

そのステージにくりぃむしちゅーの上田（晋也）さんやネプチューンの名倉（潤）さんがいれば、僕がどんなムチャクチャをやっても、巧みに拾ってくれる。

でも、たけしさんや明石家さんまさんみたいな、どんな舞台でも中心にいるスターにはなれなかった。その年でなろうとしていることが、まだ若いが。

あるとき上田さんに「お前、顔が怖いから、あんまりオラァ！　って言わないほうがいいよ」って言われた。僕は、それでもとんねるずのタカさんみたいに「オラァ！」って言いたかった。

でもよく考えてみた。タカさんノリさんはスマートで可愛らしい顔や風体。僕はどちらも怖かった。知ってはいたけれどその違いに気づいてはいなかったのだ。

大切なのは、自己評価と他者評価のバランス。

「自分は何が一番得意なんだろう」「他に負けないものは何なんだろう」って思うのが、まず大事。

多くの人に伝わるものはほぼ例外なく、一人の作り手がとことんまで自分の得意なことを活かして、こだわって作り出す。

ここが「0〜1」だ。

でも、そのあとの「2〜」には、他者評価が加わる。自分がどんなにいいと思っても、周りが思わなければ広まらない。

そして実は、他人の評価って……すごく当たっている。正しいことのほうが多い。自分の顔がタカさんと違って、すっごくゴツゴツしていて怖いということすらも、気づけない。

自分の言葉が津軽弁生まれの標準語なので、全国の人には聞き取ることすら難しいということも、わからない。

今だからとてもよくわかるが、僕は「自分はこうなりたい」という願望にとらわれすぎて芸能界の入り口で引っかかっていたのだ。

入り口はスッと入って、入ってから思いっきり暴れたほうがいい。

だから、他人の評価を見ながら、自分はこれが得意というのを混ぜ合わせたバランスでものを作ることが大切だ。何よりもバランスが重要だ。

ピコ太郎のつくりかた
③

熱狂と冷静・自分と他人を往復しろ

ものをつくるには、「たった一人の熱狂」が欠かせない。

でも、そのあとすぐに「他人からはどう見えるのか」を考えなければ、多くの人に伝わるものにはならない。対極のふたつを往復しよう。

転校生のままでは笑いはとれない

04

みんなにウケたければ、まずはみんなに知られること。

わかりやすい例で。

高校時代に同じ部活だった仲間と1年ぶりに会えば、お互いに顔と名前を知っているどころか、相手の性格や趣味、癖までわかっているから、余計な説明なんてしなくてもすぐにわかり合える。前振り無しでギャグへと突入できる。で、ウケる。

初対面の人だらけの場では、こうはいかない。自己紹介から始まり、お互いのことを理解するまで時間がかかる。

場が温まる前に焦って笑わせよう笑わせようとすると「この人何なの?」「この人だけ熱量が違いすぎる」とスベり続ける。

つまり、その場にいる人が、お互いリラックスしていなければ、笑いは生まれにくい。

僕の持論に「転校生の原理」がある。

クラスに転入生が入ってきた初日、人間関係ができ上がっていない状態では、その人の情報もないし周りが慣れていないから、その人のギャグが馴染まない。

そんな場所で、たとえおもしろいことを言っても笑いは起きない。

かたや、クラスの人気者が同じことを言えば、すぐさま笑いに包まれる。クラスの人気者のことはみんな知っている。みんながリラックスして見ていられる安心感がある。クラスのみんなが心を開いているからだ。

単純だけれど、ある程度有名なほうがウケる。笑いは、その技術よりも周囲の空気が生み出すものだったりする。

若手芸人時代、「転校生の原理」に気づく前の僕は、場の空気を読み間違えて外してしまうことがあった。

テレビに出始めたばかりのとき、僕のことなんか誰も知らないのに、10万円自腹を切って全身NASAの宇宙飛行士の格好で登場し、クラッカーをパーン！　と鳴らしたことがある。

僕の好きな予定調和を壊す笑い「のつもり」だった。

しかし、こんなことを若手芸人がやったところで……ウケるわけがない。

テレビの前の視聴者や共演者から「お前誰なの？」と顰蹙を買っただけだった。

でもたけしさんがこういうことをやれば、みんな無条件に笑う。

それは、たけしさんという存在、キャラクターを、誰もが認識しているからだ。

たけしさんはムチャクチャをやる人だ！　おもしろい人だ！　ということをみんな知っている。だからリラックスして笑えるのだ。

つまり、ウケるためにはみんなに知られていないといけない。

「マス」に認知されるようになれば、世間にとって「転校生」ではなくなる。

どこに行っても「あそこにいるのはピコ太郎じゃないか」「お？　Ｐの古坂大魔王だな」とリラックスしてもらえるようになればこちらのものだ。

「ピコ太郎？　知ってるよ？　でも、単純すぎておもしろくない」とＳＮＳに投稿する人もたくさんいた。でも、ポイントはそこじゃない。世界中の人に知られることこそが、世界中の人におもしろいと思ってもらうためにとても重要なことなのだ。

「ＰＰＡＰ」の動画しか見たことがない人には意外かもしれないが、ピコ太郎はフリートークになると理解できない言葉を連発する部分もある。

たとえば、テレビの真面目なインタビュアーとのやり取りはこんな感じになってしまう。

「最近何やってるんですか」

「噴水、出た瞬間に乗って遊んでます」

「え、それ本当ですか」

「どういうバイトしてるんですか」

「カナブンに角つけてカブトムシと言って売ってます」


こんな笑いは、なかなか理解されない。

僕が好きで、僕の「好きなタイプ」が詰まった「ディープ」な笑いをピコ太郎が見せようとすると、きっと客はつかないだろうと思った。

僕は周りから理解されない笑いを、誰よりもやってきたからこそわかるんだ。いや、それしかできなかったというのが正解であるが。

知られるということ。その方法を考えることが大切だ。

転校生の立場じゃ、誰も笑ってくれない。

ピコ太郎のつくりかた
④

知られることを
意識せよ

まずは知ってもらう。知ってもらってからがスタートだ。小難しいことや、こだわりは、知ってもらった後にしか伝わらない。

「くだらない」にこそ価値がある

05

２０１１年３月11日。東北を中心に大地震と大津波が襲いかかった。

３月11日を境として、お笑いのカタチが変わったと思う。

日本中に「自粛モード」が吹き荒れ、歌番組やアニメ、笑いがあふれるバラエティ番組は影を潜めた。

何千回、何万回とＡＣジャパンのＣＭが流れ、芸人は笑いを封印せざるを得なかった。「笑う」という日常的な行為が「不謹慎」扱いされた。

震災直後の３月15日、仕事が全部キャンセルになってしまった。

芸人仲間に声をかけ、これからについて話し合った。

「オレらは何の役にも立たないかもしれない」

「でも、なんかやりたいよな」

それで、東京都内でチャリティライブを開くことに賛同した。芸人が集結して無料のライブを開き、寄付金を集める。

しかしどの芸能プロダクションにかけ合っても震災直後のタイミングでお笑いライブは開けないと言う。

異様な自粛ムードが吹き荒れる中でのお笑いライブの開催には批判されるリスク

があった。

それでも僕たちはライブをやりたい。

「事務所が何を言おうが関係ねえよ。これでクビになったっていいよな。みんなでやろうぜ」

芸人たちだけで決めて、チャリティライブを敢行した。

すると会場には、ものすごい数のお客さん。

普段は全然ウケない若手芸人までドッカンドッカン笑いを取り、会場ではみんな泣き笑いしている。

ある大手芸能プロダクションの社長は、お忍びでライブを見に来てくれた。会社としては絶対許可はできない……。

「でももしかしてたまたま通りかかったら見に行くわっ」

ライブの敢行を黙認してくれたのだ。

精神的に打ちのめされている人に、笑いがどれほどすがすがしい活力をもたらすか、このとき実感した。

笑うという当たり前のリアクションを忘れてしまった人々が、バカをやる芸人を見て大笑いする。

人は笑うことができなければ次へ行けないのだ。

続いて僕たちは、Ｔａｋｅ２の東ＭＡＸの旗振りのもと「被災地でライブをやろう」と決めた。

家族や友人を突然亡くし、自宅や家財道具を津波に流された人を前に、お笑いなんてやっていいものなのか。

正直、僕たちはわからなかった。そんな中でライブを開いた。

フタを開けてみれば、東京とは比較にならないレベルで笑いが起こった。

被災者や現地のスタッフからは「遠慮なんてしないで思いっきりやってください！　笑ったら明日からまたやる気になりました！」と言われた。東北の人たちに思いきり笑ってもらった。

震災直後、自衛隊や消防・救急・警察は人命救助を第一優先とし、続いて食料供給、電気・ガス・水道といったライフラインの復旧、道路・橋・鉄道などのインフラを復活させていった。

芸能はこれらの仕事のどこにも関与しない。

笑いなどの芸能はあくまでも生活の「余白」であり、「ついで」なのだ。だが、その「余白」こそが、実は人間にとって計り知れないパワーになる。

震災が起きてから、やたらと「コンプライアンス」と言われるようになった。スーツにネクタイ姿の芸人が急に増えたと思わないだろうか。ボロボロのジーパンをはいていた芸人が、テレビに出るときにはみんなジャケットを着るようになった。きちんとしてますよ……ってことであろう。

でも……でも僕たちは「コンプライアンス」からもうすこし自由になるべきだと思う。

他人をひどく傷つける笑いは論外だが、気にしすぎて息苦しく生きるよりも、バカをやってゲラゲラ笑えるほうが、世界は楽しくなる。

ピコ太郎の「ＰＰＡＰ」が流行った理由は「意味がなくてくだらなかったから」だと思う。

だって、あんな無駄な歌詞はない。

愛も恋も、戦争反対も、人生も語っていない。ペンとアッポーとパイナッポーを刺して並べただけ。それで終わり。

この無駄なものが、意外と今の時代にはなかったのかもしれない。

「ＰＰＡＰ」に限らず、流行ったものって意外とくだらないものだったりする。

「ＰＰＡＰ」は人によっては、たかだか１分間のショートコントだ。

それがなぜこんなに、イギリスでも、台湾でも、韓国でも、ベルギーでも、フランスでも流行ったのか。

特にびっくりしたのは、シリアとか、ウガンダとか、ちょっと国内情勢の怪しいところや貧困の問題があるところでもすごく流行ったこと。

それは、やっぱりくだらないものが必要だからだと思う。

なぜくだらないものが必要かというと、主義主張で戦っている地域とか、苦しんでいる地域の人々は、くだらないことでしか笑わない気がするからだ。

ちょっと「強めシニカル」な笑いだと、こっちではおもしろくてもあっちではおもしろくない場合がある。

しかしくだらないもの、たとえば、「子犬がコロンとこける」「校長先生がつまずいて転ぶ」というのは、お笑いとしては技術が低い。だけど、みんな笑う。

つまり、「ＰＰＡＰ」は意味がなかったからこそ、ウケたのかなって気がする。

そして英語だったから、世界に広がっていったんだろう。

くだらないものが、世界には必要だと思う。だから雨が降ろうが槍が降ろうが、

ピコ太郎は「ペンパイナッポーアッポーペン」と踊り続ける。

ピコ太郎のつくりかた
⑤

自分の仕事の意味を考えろ

自分の仕事によって誰が喜ぶか、今の時代にどんな価値を出せるか、一回原点に戻って、自分の仕事としっかり向き合ってみることが大切だ。

第2章

誰にもわからないこだわりと誰にでもわかる伝えかた

06

裏と裏を掛けるとメジャーになる

パッと見てわかりやすいものでないと、多くの人には伝わらない。

でも、わかりやすいだけで何にもこだわっていないものが、当たることなどない。絵画にも演劇にも、音楽にもお笑いにも共通することだが、アヴァンギャルド・アート（前衛芸術）的なシュールさを追求しすぎると、自分以外誰にも意味が伝わらない超自己満足のかたまりになってしまう。

かといって大衆受けすることを意識しすぎると、とんがった表現が全部そぎ落とされてつまらなくなる。

ここのバランスが大切で難しい。

「ＰＰＡＰ」はくだらないけれど、超こだわって作っている。

編集だけで2〜3週間。１フレームずつ変えて、毎日見て、つまんなかったらまた変えてというのを繰り返し。

「パッと見てわかる」ようにするためにはすごくこだわらないといけない。

やっぱり、こだわらないで作ったものがたまたま流行るほど世の中は甘くなかったりする。似たようなものは世界にいくらでもあるからだ。

僕の場合、ピコ太郎と「ＰＰＡＰ」を作ろうというときに、もともと世界に流行らせようなんて思ってもみなかった。ただ、日本のお笑い、日本の音楽の中にないものを探そうとしていた。

誰もやっていないことを探さないといけない。今の世の中はインターネットでつながっているので探すのが難しいのだが、誰もやっていないことはまだある。

それを探すためには、やっぱり勉強しないといけない。知識がないといけない。そのために、いろんな音楽を聞いて、いろんなものを見て、「あ、これはまだやっていない」「これが今流行っている」と探さないといけない。

お笑い芸人は、音楽ネタで、さらに幼稚園児でもわかるおもしろダンスとバカなネタなんて……基本、誰もやりたがらない。邪道でレベルが低いと思われてしまう。だから、こだわってそこをやる。

その時代の「お笑いの裏面」をやるということ。

その一方で、音楽もとことんマニアックにこだわる。プロの技術を用いながらである。

「ＰＰＡＰ」のバックトラックは、「ＴＲ－８０８」っていうローランドのリズムマシンを使っている。

所々耳につく「プーン、プーン」という音は、カウベルという音。これは、20〜30年ぐらい前にヒップホップ界の人がよく使っていた。もっと言えば、YMOが使って有名になった音でもある。

普通は、コーン！　コーン！　っていう音がするのだが、電子音で作ったらうまくいかず、この「プーン」という音になったらしい。

カウベルは、テクノ界ではすごく有名で、それをダンスミュージックで使っている音源はあったが、「PPAP」のように使っているものはほとんどなかった。

こういったこだわりは、誰も気にしていないし、誰も知らないけれど、曲を作っている人はわかるもんで。カウベルの音をでっかくして「PPAP」の中で鳴らしたら、やっぱりDJ界でワサッと反応があったのだ。

つまり、「お笑いの裏面」と「音楽の裏面」を掛け合わせた。

マイナス×マイナスでプラスに切り替わると思ったのだ。

裏の裏は表だった。

古坂大魔王単独ライブでゲストのピコ太郎が「PPAP」を初めて披露したとき、客席に配布しておいたアンケートを見ると、ライブ全体の多くのネタの中で、ピコ太郎がダントツの人気だった。ライブのメインだったはずの僕、古坂大魔王を、前座のピコ太郎が完全に食ってしまったのだ。

ピコ太郎のつくりかた
⑥

こだわりを徹底せよ

どんなわかりやすいものでも、伝わるものはその裏に膨大なこだわりが隠されている。自分の好きを武器にして、妥協しないで考え抜こう。きっと誰かは気付いてくれる。

07

パッと見の
わかりやすさと
徹底的なこだわり

徹底的にマニアックにこだわるけれど、お客さんにはわかりやすく差し出す。この矛盾を乗り越えられたときに、大人から子どもまで世界中の人が愛してくれるコンテンツになっていくのだと思う。

「PPAP」をリリースした直後、TRFのDJ KOOさんからこう言われた。

「ずるいよ、いい！　あのトラック、ヤバいよ！　今どき808（ローランドのリズムマシン「TR－808」）であのスネア刻むなんて、それ、むしろ新しいよ！」

DJ KOOさんにそう言っていただき、「そこをわかってくれましたか！」と嬉しかった。

音楽のプロにならわかるはず。「PPAP」にはツウ好みの仕掛けが随所に施されている。

「TR－808」は1980年に発売された約40年前の機械だから、モノラルだしリバーブ（カラオケで言うエコー）もへったくれもない。スネアの音を入れようと思っても、ただ単に「トン」と鳴るだけだ。

古い機械であるおかげで、「TR－808」には余計な要素がまったくついていない。その機械が出す音を最新の機器でマスタリングすると、すさまじく太い音に生まれ変わる。

子どものころから好きだったゲームミュージックやテクノミュージックを、僕は何十年もかけてマニアックに研究してきた。

デジタルロック、アヴァンギャルドなインダストリアル・ロック、ケミカルに処理されたテクノ寄りのヒップホップなど、日本では知られていない海外の最先端の音を聞くのが好きだった。

最先端の音楽表現を聞くと、いつもぶっ飛ぶ。岡本太郎は「芸術は爆発だ」という名言を残した。世界中のメディア・アーティストが、「何？　この音」とぶっ飛ぶしかない音を次々と生み出している。

お笑いと同じで、とても奥が深い。

音楽の世界におけるマスタリングとは、出版業界になぞらえれば最終段階の編集作業であり「マスタリング戦争」とも言うべき攻防戦が世界では展開されている。

マスタリングのテクニックによって、バスドラムやベースシンセを爆音にしても音が割れなくなった。

その音をライブ会場で出すと、真下からズン！　ズン！　と突き上げるような重低音に包まれ、無類の恍惚感を生み出す。

欧米でダンスミュージックの人気が際限なく高まっている様子を見た僕は「次に流行るのはチープシンセかもしれない」と仮説を立てた。

「TR－808」のような古いマシンを敢えてド真ん中で使う。

そこにピコ太郎の鼻歌をかぶせれば、くだらなくて、でも歴史を追っている音好きにはマニアックで、誰も作ったことのない動画が作れると思った。

もうひとつ工夫がある。

皆さんもお風呂で歌うと、急に歌がうまくなったような気がすると思う。あれには科学的な理由があって、レコーディングでも使われる手法と同じだ。

リバーブがかかると、多少調子が外れていても下手でも、不思議とうまく聞こえてしまうのだ。

あまり歌唱力が高くないミュージシャンでも、ホールで歌うとそれっぽく聞こえる。ホールはドゥワーン！　と音が反響してエコーがかかるから、実際よりうまく聞こえる。正確に言うと、聞き手がシビアに聞き取らなくなるのだ。だからテレビの音楽番組は、ライブ会場よりだいぶ物足りなくなる。下手に感じる。視聴者はシビアに聞くのである。

音楽の授業を思い出してみてほしい。一人で歌うと、下手でこっ恥ずかしいが、合唱だとまったく恥ずかしくない。

歌が下手な人や音痴が交ざっていても、不協和音やノイズは他の音に紛れて気にならなくなる。

ダブルやリバーブの処理によって音が重なると、アイドルの曲でもラップやヒップホップでも、格段に上手に聞こえるのだ。

しかしピコ太郎の動画を作るときには、敢えて逆張りで音をダブらせないようにした。

直接ベタッと音を張りつけ、音程には細かい修正をかけない。

「リバーブを強めて声をなじませる」という常識的な処理をやめることで、ピコ太郎の声が際立つようにした。

そのうえで、音楽が安っぽく幼稚なものにならないように、迫力を出すための工夫をした。

スマートフォンで音楽を聞くと、実はリバービーな音はとても聞きづらい。スマホの音は基本的にモノラルだ。

リバーブ処理をした音楽は、広がりがあるステレオのサウンドで聞くから迫力が出る。モノラルなスマホで聞くと、音がゴチャッとした感じがし、さらに音が割れたような印象さえ受けてしまう。

そこで僕は、スマホで聞いてもでかいウーファーで鳴らしたように錯覚する低音を作り出した。

歌詞がはっきり聞こえて音のひとつひとつが耳に届きやすく、なおかつ「トゥッ、プーン」の「トゥ」の振動を殺さずに、低音を最大限活かす。

はっきり言って、読者の皆さんにはなんのこっちゃわからないこだわりだと思う。

しかし、ここまで考えてやっていたからこそ世界中の「音楽のプロ」に「PPAP」はウケた。

「あんなのはお笑いじゃない」「おもしろくもなんともない」という意見がお笑い方面から出ていた一方で、音楽のプロたちは早いタイミングで反応し始めていた。

「PPAP」をユーチューブに公開したのは、2016年8月25日のことだった。

それから約1カ月後の9月28日、ジャスティン・ビーバーがツイッターで紹介したことによって「PPAP」は大ブレイクする。

しかしジャスティンより早く「PPAP」のクオリティに気づいたのは、彼のプロデューサーを務めるスクーター・ブラウンだった。

彼はデビュー以来ずっとジャスティン・ビーバーを担当してきた育ての親であり、他にもアリアナ・グランデやカニエ・ウェストなど、多くのアーティストを世に送り出してきた。

その大物の耳に、「PPAP」のクオリティが認められたのだ。誰にも伝わらないと思ったほどのこだわりは、海を越えて本物に伝わっていた。

ジャスティンのツイッターはフォロワーが1億人以上おり、影響力はすさまじい。K－POPのPVなどクールな動画、全力疾走するイヌがズッコケる系のおもしろ動画はときどき紹介しているが、彼がコミックソングを紹介したのは初めてだった。

ツイッターのフォロワーは「えっ、ジャスティンがこの動画を取り上げるの？」と意表をつかれた。ギャップと違和感、意外性に驚いた人々は、こぞって「PPAP」の動画を見に行った。

最近では、アメリカのビルボードチャートでトップ10に入るのはほとんどがヒップホップだ。

しかも最新のヒップホップ界で流行っているのは、複雑に処理されていない昔のチープな音だ。僕は20年以上かけて音楽を研究しまくった。

見る人が見れば、職人の仕事は違いがすぐわかる。ファストフードや冷凍食品ばかり食べている人は舌が鈍感になりがちだが、料理人は食材の新鮮さや処理の特殊性に気づき、プロ同士の阿吽の呼吸でコミュニケーションが成立する。

周りの芸人仲間は、何をしてるんだ、と思っていたかもしれないが、思わぬところで認められた。

「ここまでのこだわりはきっと伝わらないな」と思っても、誰かが見つけてくれる。だから、とことんまで自分がいいと思うものを追求しよう。

インターネットによって世界の片隅のこだわりは世界の中心に一瞬で届くようになったのだ。

ピコ太郎のつくりかた
⑦

本物に届けろ

本物の才能は本当にいいものを一瞬で見抜く。
SNS社会では世界の片隅のこだわりを、世界の中心に伝えることが可能になった。
君だけに作れるものを作ろう。

なんでVSどうせ

08

「PPAP」がブレイクしたことについて「どうせジャスティン・ビーバーのおかげでしょ?」と一蹴する人がいる。

もちろんジャスティン・ビーバーのツイッターが、ピコ太郎をグローバルに知らしめる一発目の大砲だったことは間違いない。それどころかそんな奇跡は……お金をいくら積んでも起こり得ない。明らかにラッキーな部分が大きい。

でも、君が何かを作る人間であれば、「どうせ××でしょ」という言い方は、次につながらないと思う。

「どうせ」とヤキモチを焼くつまらない生き方ではなく、「なんで」とバズった理由を探りに行く好奇心を持ったほうが得だ。

誰かが売れた理由、バズった理由を掘り起こして研究しなければ、自分が次の一人になれるわけがないからだ。

テレビに出まくって芸能界で売れている人に対して「どうせ大手でしょ。あそこは事務所が強いから」とか「どうせ有名な芸人の付き人でしょ」と斜に構える売れない芸人がいる。

本人が努力を重ね、芸人としての基礎体力とバネを身につけたから売れているのに、「あいつは事務所や先輩芸人のおかげで売れている」とひがむ。

実はそう言う僕も、若いころは「ちくしょう、大手事務所め」とか「あいつらはバーターだ」とボヤいていた時期がある。

こういう愚痴っぽいときは、妬みとそねみ、ひがみが毛穴からにじみ出るからまったくウケない。

「どうすれば売れるのか」「自分は次に何をやればいいのか」と今すぐ研究開発を始めなければいけないのに、「オレはオレ。いつか必ず売れる」と思考停止してしまう。これではお笑いの需要と供給が合致するはずがない。

売れている人間の実力をしぶしぶ認めるとき、「あいつは顔がいいからな」くらいに思っておくと、売れていない自分のプライドが傷つかずに済む。自分の力が辛うじて弱くは見えない。

「どうせ」と「なんで」は、実は相似形のように近接している。「なんでこの人は成功したのだろう」と考える姿勢は、ちょっと油断するだけであっという間に「どうせあいつにはコネがある」「どうせオレには運がない」という負け犬根性に切り替わる。

「どうせ」根性に陥ることなく、今日から「なんで」という前のめりな姿勢に切り替えてほしい。こういう心がけひとつで、人間は一気に生まれ変われる。

「PPAP」はホンモノ志向で徹底的にこだわった。海外の音を一生懸命分析し、彼らの音に近づこうと試行錯誤した。

「ケミカル・ブラザーズはなんでこんな音を出せるのか？」と悲鳴を上げたこともある。そのころ僕が使っていたのは、自分の財布の許す範囲内で辛うじて買える安い中古機材ばかりだった。

ケミカル・ブラザーズの音がメチャクチャイケていた理由は単純だ。

彼らは目の玉が飛び出るような高い最新機器、最先端のテクノロジーを使っていたのだ。無論それだけではないのはみんなも承知だと思うが……。

でも「どうせ高い機材を使ってるだけだ」とは言わない。

安い機材を使ってなんとか理想の音に近づけようと試行錯誤してきたおかげで、いざ自分も機材に投資し始めたとき、テクニックをフルに活かせた。

そうやって汗水流した苦労に、ジャスティン・ビーバーをはじめホンモノのアーティストが気づき、「PPAP」はワールドワイドにバズったのだ。

「どうせ」と言う人には成長はない。
「なんで」という目で世界を見よう。

ピコ太郎のつくりかた
⑧

人生の主人公になれ

「どうせ」と他人をひがんでいるということは、
その他人の人生を生きているということだ。
「なんで」と興味を持つということは自分の
人生を生きているということ。
評論家になるな。すべての情報を自分の
成長の糧にしよう。

第3章

技術がヒットを生む

すべては「間」が決める

09

アメリカのドラマ「ウォーキング・デッド」にドハマリした。見始めたら止まらない。このドラマはゾンビものなのだが、単なるグロ系の画《え》だけでなく、ヒューマンドラマ要素からサスペンス要素までものすごい情報量が詰まっている。

1話の中で3つのストーリーが同時進行し、それぞれ盛り上がりつつ、前後と左右が全部つながる。1回約45分のドラマがほぼ16話で1シーズンが完結し、次のシーズンが新たに始まる。

その濃密なドラマの新作が2010年から毎年作られ続け、2018年現在シーズン9まで続くロングヒットとなっている（アマゾンプライムやフールー、ネットフリックスなどで見られるから、ぜひアクセスしてみてほしい）。

ストーリーはドンデン返しの連続だから、まったく飽きることがない。あの脚本を作るのに、いったい何年かかったのだろうと頭がクラクラする。並の映画100本分のストーリーが「ウォーキング・デッド」には詰まっている。お父さんが娘の頭をバンバン撃ち抜いたり、モラルに縛られないところもすごい。

本でも映画でも、普通の人が3時間で見せる情報量をたった5分で見せられたら、誰もが圧倒されて続きを見たくなる。

作品を編集するときには、Q（クエスチョン）とA（アンサー）の緩急のつけ方も大事なポイントだ。

ストーリーテリングをする際にQ↓A↓Q↓A↓Q↓Aとつなぎ、ラストでQを投げかけて次の話の始まりにつなぐ。アメリカのドラマはそこがとてもうまい。1話見るだけでもワクワクドキドキするし、見終わったときには、早く次の話を見たくて待ち遠しくなる。

ただ、クエスチョンとアンサー理論は大切だけれど、最近のバラエティ番組を含めてテレビの娯楽番組は、あまりにもQを多用しすぎているようにも感じる。

もちろん視聴者にCMを見てもらいたいのはわかるが、CMに入ろうとするたびに「いったいどうなってしまうのか!?」「この先何が!?」と煽られすぎると、番組そのものに没入できない。

僕らが子どものころ、ドリフさんやたけしさん、さんまさんの番組はCM前にQで引っ張ることはしなかった。

12分なり15分の枠内でいったん大笑いし、CMに出る人気者の顔を見るのも番組の楽しみのうちだった。

その点、日本テレビ系列の「世界の果てまでイッテQ！」は、今のバラエティのスタンダードの逆張りを行っている。

芸人さんが大暴れして爆笑し、QではなくAのあとにCMを挟み、CMが終わってから次のアクティビティや珍道中へ切り替わる。編集の仕方が「裏の裏の表技」なおかげで、「イッテQ！」はかえって新鮮に見えるのだ。

実は「PPAP」ってクイズみたいな構成で組み立てられている。

「それでは聞いてください。ペンパイナッポーアッポーペン」

今は皆さんは、「PPAP」がどんなものか知っているけれど、知らない人が聞いたら、「?」なはず。

「ペンパイナッポーアッポーペン」

「どういうこと?」

「アイハバペン」

「はいはい」

「アイハバアッポー」

「うんうん」

「アッポーペン」

「あれ？　待てよ、アイハバペン、パイナッポーペン、ペンパイナッポーアッポーペン、そういうことかよ！」

というクイズなのだ。しかも答えが「まんま」で破綻しているタイプのクイズ。

簡単に言うと、「ＰＰＡＰ」は、お笑いの基本である、「緊張と緩和」という技術を使っている。

「こいつ何言ってんだろう」と最初に思わせておいて、「実はこう」と言うと、安心感があるから笑ってもらえる。これは結構、日本のお笑いでは使われる技術。

たとえば、「今日は皆さんニュースを見ていらっしゃらないと思いますが、朝9時ごろ、(年配の大物芸能人)さんが家族に見守られて……」

「え！」

「遅めの朝食をとられました」

これが、「緊張と緩和」。

皆さんに「えっ？　あの大物が？」と緊張させて、そのあと緩和させるという、お笑いでは昔からある技術である。

僕が世界を回って気づいたことがある。日本人が世界に絶対負けないもの。

それは「間」。やっぱり日本独特の間がある。

ただ日本人は、その「間」に自信がない。気づいてもいない。「間」っていうのは実はサイレントじゃない。

「間」というのはひとつ前の言葉の余韻。

だから歌ではよくあるんだけれど、「エキゾチーック……ジャパン」ってやると「エキゾチック」の「ク」が残ったまま。つまりあそこは無音じゃなくて「クの余韻」なんです。

こうした「間」を日本人は昔からもともと持っている。

お笑いのネタを作る場合も、ある程度キャリアを積めば、雑な15分のネタはすぐ作れる。

でも、1分、2分のネタは難しい。なぜか？　説明が減るのもあるが、傍から見たら余計なものを抜くと、さっき言ったような「間」を作りにくくなるからだ。

お笑いには、「天丼」というテクニックがある。これは、同じギャグやボケを二度、三度と繰り返して、笑いを追加していく手法なんだけれど、それをぎゅっと凝縮してやる方法はないかなと考えた。

もともと、「底ぬけＡＩＲ‐ＬＩＮＥ」ではショートコントをやっていた。

ひとつのコントが6秒で、6秒のコントを10個やるとちょうど1分だった。間引きに関しては自信があった。

そのときから、なるべくくだらなくて、間引いたものを作ろうという考えがあったので、ピコ太郎プロデュースには大変活きた。頭の「ピッピコピコピコ太郎ー」で「なんだ？　これは？」と皆さんの興味を引いて、2〜3秒の「間」を置いた後にタイトルを出して、「ん？」と思っているうちに、あっという間に曲が終わるようにした。

そして、もうちょっと余韻がほしいので、最後に「ピコ！」で動画が終わる。

そして、「なんだ、これつまんねーの」で笑えるわけです。これであれば、誰も傷つけずに皆さんの時間を1分ぐらいならもらえるだろうなと。

Q&Aの気持ちよさと、間の使い分け。これは短い動画が流行っている今の時代に求められるスキルで、日本人が得意な領域だ。

ピコ太郎のつくりかた
⑨

「間」を支配せよ

短い動画の時代は特に、「間」や「テンポ」が大切になる。
気持ち良く見られるリズムを意識しよう。

「大きい音」が感動を生む

10

「ＰＰＡＰ」はとことんまで音にこだわった。

音の重要性は音楽以外ではあまり語られないが、お笑いとて基本的に目と耳を使ってコンテンツを受け取るわけだから、どのジャンルでも音は大切だ。

２０１４年3月31日、30年以上続いたタモリさんが司会を務めた番組「笑っていいとも！」が終わった。お昼の最終回が放送されたその日の夜、フジテレビ系列では「笑っていいとも！」のグランドフィナーレ特番が生放送されている。この回は「伝説の最終回」と呼ばれる。

タモリさんやさんまさんがフリートークをしている真っ最中、ダウンタウンさんとウッチャンナンチャンさんが乱入した。さらに、とんねるずさんに爆笑問題さん、ナインティナインさんと、芸能界のトップ・オブ・トップが大集結したのだ。

「ダウンタウン&とんねるず」「ダウンタウン&爆笑問題」「さんま&とんねるず」という取り合わせの共演は、僕の記憶ではこの20年ほど例がない。テレビで一緒に映ることがない彼らが、一堂に会した光景は圧巻だった。泣いた。沸いた。

あの生放送を見て何よりも驚いたのは、みんな声が異様にバカでかいことだ。トップ・オブ・トップの叫びはすさまじい音量だった。あれだけハイレベルな芸人が何人も集まると、技術や言葉選びではない。圧倒的な音量で場を制圧するしか、優位に立つ方法はないのかもしれない。

声が大きい芸能人といえば、さんまさんが筆頭だ。ひな壇に大勢の芸人が並ぶ番組では、人がしゃべっている途中なのに、誰もが我先に割りこんでしゃべろうとする。何百、何千の言葉が速射砲のように飛び交う中、なぜかさんまさんの声だけが突き抜けて通る。若手が何十人いようが、さんまさんは決してしゃべり負けないのだ。

さんまさんは早口でありながら、ボリュームを落とすことなく、しかも明瞭にしゃべる。並の人間であれば、息継ぎのタイミングで相手に割りこむ隙を与えてしまう。あるいはしゃべり疲れ、声がかれてしまうものだ。だがさんまさんは、何時間しゃべり続けてもまったく疲れを見せない。声のボリュームが落ちず、滑舌よくすべての言葉が全員の耳に届くのだ。

僕はくりぃむしちゅーの上田さんと一緒に、2006年からずっとCS放送の「上田ちゃんネル」という番組にレギュラー出演している。収録のときにいつも感心するのだが、上田さんの声はムチャクチャ大きい。

上田さんは柔和な顔つきなので穏やかな印象を持つかもしれないが、彼の声量はハンパではない。しかもとても聞きやすい。

いくらしゃべる中身がよくても、うつむき加減でボソボソくぐもった声を発しているようでは、言葉は誰にも届かない。

明瞭に、大きな声で、疲れを見せず言葉を発しなければ、相手の心に響かないのだ。

顔の表情や身振り手振り、テンションの上げ下げもテクニックの一部だが、「声量の大きさ」というシンプルなものが実は根幹にある。これに気づいていない人は多い。

音楽のライブでも、単純にでかい音を発することができるミュージシャンは強い。全然名前を知らないバンドでも、内臓を揺さぶるようなとんでもなくでかい音で演奏されれば、それだけで一気に盛り上がる。

では、ただ音量を大きくすればいいのかというと、そうではない。

技術がないと騒音と化してしまう。

ドラムも空手の正拳突きのように、ただ力任せに叩くようでは、音楽ではなく打撃音になってしまう。ドラムで美しい音を出すにはコツがいる。

スネアやタムを叩くとき、一番音が大きく出るのはド真ん中だ。かといって、ただ単に真ん中を叩けばいいわけではない。肉体全体で巧みにスナップをきかせながら叩くとき、最も美しく、しかも大きな音がドラムから発せられる。大きな音を出すというのはシンプルでいて高度な技術なのだ。

小さいころ、濡れた雑巾をテーブルに叩きつけて遊んだことがあると思う。叩きつけるタイミングやスナップのきかせ方によって、音量はまったく異なる。絶妙な塩梅で雑巾を叩きつけると、バチーン！　とすごい音が鳴る。

ただ大きい音を出すいうシンプルなことでもこれだけの技術がいる。

多くの人がひきつけられるコンテンツというものはカラクリがあるのではなく、シンプルに王道で差をつけているのだ。

ピコ太郎のつくりかた
⑩

「音」を支配せよ

大きい音。「なんて単純」と思うかもしれないが、大きな音を出すことが王道でいて一番難しい。人を感動させるためには大きな音を出すことを意識して技術を磨こう。

見えないものを見せる力

11

音以外にもこだわったことがある。

それは見えないものを見せることだ。

実はピコ太郎は、リンゴもペンもパイナップルも手に持つのは絶対NGにしている。

なぜなら本物のリンゴやパイナップルを持って、そこにペンを突き刺せば、果汁が出てそちらに目が行ってしまうからだ。何より勿体無いではないか！

お客さんの目線は果汁や勿体無いに奪われ、せっかくのピコ太郎のとぼけた顔を見てもらえなくなってしまう。

あくまでもピコ太郎をメインキャラクターとし、ピコ太郎の表情とダンスと歌を楽しんでもらいたい。

だから「PPAP」がヒットしても、テレビや雑誌、ウェブメディアの取材で「ペンとリンゴを持ってくれませんか」というカメラマンの要求だけは丁重にお断りしている。

「BBBBB」（Beetle Booon But Bean in Bottle）の動画を作ったときにも、「PPAP」と同じ方式を採用した。「Beetle in Bottle」（ビンの中のカナブン）や

「Bean in Bottle」（ビンの中の豆）、そして「Beetle Booon But Bean in Bottle」（カナブンがブーンと飛んでいったけど、豆はビンの中にある）という単純な言葉遊びを音楽に乗せる。

ビンや豆の現物、本物のカナブンなんて使ったら、見ている人の集中力は散ってしまう。

見えないものを見てもらうために、余韻をたくさん残しておく。

「説明を極力排する」というセオリーは、昔からパントマイムの基本だ。ステージにガラス窓を置いて、ガラス窓にペタペタ手を張りつけてもおもしろくも何ともない。

ガラス窓がないのに、まるでそこに窓があって向こうから人がのぞいているかのように見えれば、観客は頭の中で想像を膨らませられる。

音楽コントの場合、目だけでなく、耳もたくさん使ってもらう。

ピコ太郎の独特なエレクトリック・ダンスの動画に集中してもらうためには、視覚情報をあらかじめ削ぎ落とすことが重要だった。背景である。景色や模様があると芸が霞む。そのため試行に試行を重ねた結果、背景は「無」である白を使用するることにした。

「足し算の表現」ではなく「引き算の表現」に徹すれば、情報の密度は格段に上がる。

ダンスの振り付けを考えたときも、「引き算の表現」を徹底して心がけた。

ピコ太郎はただでさえ身長が高くて体がゴツいうえに、あの金ピカの衣装を着て現れると威圧感がある。威圧感をまとったまま大振りのダンスをやると、視聴者にとっては情報量が多すぎる。

そこでピコ太郎は、ごくごく小さな動きで体を揺らすことを心がけた。ピコ太郎の動画をもう一度チェックしてくれれば、僕が言っている意味がよくわかるはずだ。

キュッ、キュッ、キュッと小さく体を揺らせば、おのずと意識はリズムに向かう。

ドンドンチッチッ、ドンドンチッチッ、ドンドンチッチッ……というリズムの刻みや、電子音が途切れたときの余白に耳を傾けられる。

ユーチューブのミニ動画は、パソコンの画面で見る人よりも、移動中の隙間時間にスマートフォンで見る人のほうが多い。

5～6インチの小さな画面で動画を見てもらうのだから、決定的な場面で顔の表情をドアップにしたほうがいい。

その一瞬クスッと笑ってもらい、再びピコ太郎の全身を眺めてもらう。お客さんの目線に立って、僕は動画を徹底的に作りこんだ。

どうにかして多くの人に笑ってもらうため、「PPAP」の動画は何十回も作り直した。朝に見て直したり、夜に見て音を修正したりもした。

編集段階では、バージョン20くらいまでいくつも試作した。

こだわるというのは、詰めこむということではない。

お客さんの気持ちになって、心地のよい余白を残しておくことも大切なのだ。

ピコ太郎のつくりかた
⑪

見せたいものを明確にせよ

何を一番伝えたいかを明確にする。

その周辺にあるものは極力シンプルにしないと伝えるべきことがブレるから注意しよう。

12 お客さん目線を常に持とう

すこしマニアックになるけれど、この本を読んでいる人は、何かしらの表現やコンテンツ作りをしている人も多いと思う。だから、「ライブ」と「編集」で気をつけることを書いておこうと思う。

まずライブについて。

芸人にとっての生命線は「営業」だ。100万人、1000万人単位を相手にするテレビ以外にも、芸人の仕事はたくさんある。

週末の遊園地やデパート、パチンコ店、大学祭から結婚式の余興に至るまで、全国津々浦々を回りながら芸人は日雇い仕事で食いつなぐ。

①テレビ②ライブ会場③営業の現場で、同じネタを披露するとしよう。同じことをやっているつもりでも、①~③のウケ方はそれぞれまったく異なる。

3~4人の仲間で集まってバカ話をすると、笑いのハードルが無きに等しいので、何を言っても内輪の楽屋話で笑える。あまりおもしろくない話題であれば、適当に受け流して次のおもしろそうな話題にスライドすればいいだけだ。

話をする相手が増えると、笑いのハードルは下げていかなければならない。

僕が単独ライブを開くときには、MAXで300人の会場と決めている。200~300人が相手であれば、「公」と「私」の争いで「私」が競り勝てるからだ。「公」とはオフィシャル。「私」とはプライベート。

「私」の状況では、内輪の笑いが成立する。笑いは内輪のほうがおもしろい。でも相手が300人超になると、「公」になる。

楽屋トークのような話題についてこられなくなる人が出てくる。すこし話題を一般的にしたり、笑いのレベルを下げないと伝わらない。

これまでさまざまなライブ会場で仕事をしてきて言えるのは、50~60人が集まるサロンのような場所での芸はウケやすい。

こちらからはお客さんの顔が全部はっきり見えるし、話が脱線してもコントロールできる。アクビをしたり、携帯電話や腕時計を気にしているお客さんがいれば、そのお客さんをいじって笑いを取ることもできる。

客席と舞台が一体となる。

お客さんが何百人となると「あまりヘンなことは言えないな」「この話題は知らない人もいるかな」という配慮が生まれる。

僕のことをよく知っているコアなファンだけではない。友だちに誘われてきてみただけで、古坂大魔王の名前すら知らない人だっているかもしれない。

学生や子ども、おじさんやおばさんもいるし、笑いの焦点のウイングは格段に広がる。老若男女が入り交じる会場で、お客さんからくまなく笑いを取るためには、ネタをすこし浅くしなくてはならない。

300人までを相手にするときには「あなたに」と二人称を使ったとき最後列まできまなく一気に目線を送れる。

500人になると、後ろの200人が遠すぎて「あなたに」という二人称がボヤける。

その場合は、正面に向かって「あなたに」と言って、右に向かって「あなたに」と言って、左に向かって「あなたに」と言わないといけない。置きざりにされるお客さんを作らない気遣いが大切だ。

「この人は話がうまいな」と感じる人は会場を支配する「公」と「私」のバランスを見極めて、対応するのがうまい。

場の空気を感じずに自分のペースで突っ走ってしまうと、お客さんから見たときに素人っぽく感じてしまうのだ。

対談形式のトークイベントの場合も同じ。あまり舞台慣れしていない2人が座ると、お客さんのことを忘れ、体を向かい合わせて話しこんでしまう。

お客さんからは横顔しか見えず、会話に入っていけない。横顔は表情が乏しい。言いたいことが伝わりづらいし舞台と客席の一体感が生まれてこない。

芸人が最初に教わることは、相方ではなく常に会場のお客さんに体を向けることだ。相方のボケにツッコむときにも、相方ではなくお客さんのほうを向きながらツッコミをする。

この意識は、プレゼンでも発表でも同じことだと思う。

資料に目を落としながら説明しても、人の心を打つことはない。

常にお客さんの目線を意識する演者の心を忘れてはいけない。

ピコ太郎のつくりかた
⑫

人からどう見られているかを忘れるな

お笑いでも音楽ライブでも客の心をつかむのがうまい人は、自分が人からどう見られているかを丁寧に繊細に想像している。想像と現実のギャップが小さいから一体感を作り出せるのだ。

13

情報量を引き上げるための編集技術

ユーチューブとテレビの一番の違いは編集だ。基本編集まで自分でしてこそのユーチューバー。

HIKAKINやはじめしゃちょーがブレイクすると、10代の子どもたちがこぞってにわかユーチューバーになり始めた。

今や小学校で「将来なりたい職業」のアンケートを取ると、クラスの3〜4人は「ユーチューバー」と書く時代だ。ユーチューブ動画の世界はまだ黎明期であり、OSがない状態だから、ウケる表現はまだまだ変化し続ける。

生まれたときからiPhoneやiPadに触ってきたデジタルネイティブ世代は、テレビよりもネット動画のほうを多く見ている。

当然のことながら、今の小学生はザ・ドリフターズさんやツービートさんの存在を知らないし、たけしさん、タモリさん、さんまさんをはじめとするお笑いのレジェンドたちが織り成してきた歴史も知らない。

テレビバラエティ界のルールをまったく知らない世代がユーチューバーの動画に没入している。

何十万人ものフォロワーと、とてつもない再生回数を誇る一部のユーチューバーは、一種の「一人メディア」として世の中を動かしつつある。かつてはテレビの視聴率やオリコンチャートが世論を形作っていたわけだが、今ではＳＮＳのフォロワー数やユーチューバーのチャンネル登録者数、動画の再生回数が、人気のバロメーターだ。

爆笑問題の田中裕二さんのお子さんに会うたび「ハロー、ユーチューブ」とＨＩＫＡＫＩＮのマネをされる。

話を聞いてみれば、今の小学生はテレビタレントを全然知らないらしい。スーパースターはテレビの中ではなく、ネット動画の世界にいるのだ。

巷のユーチューバーが作る動画の企画は、すでにテレビがやってきたことの焼き直しだったりする。そこには斬新な発想はほとんどない。「オレたちひょうきん族」「風雲！たけし城」「ビートたけしのスポーツ大将」「天才・たけしの元気が出るテレビ!!」では、莫大な予算をかけた企画から超低予算企画まで、ありとあらゆる実験が試されてきた。

「うまい棒を１０００本バラバラで買ったら、レジ打ちのスタッフがどういうリアクションをするか」とか「ＵＦＯキャッチャーで10万円使ったらどうなるか」とか、そんな企画書をバラエティ番組の企画会議で出しても、まず通らないだろう。

だがユーチューブを見ている子どもたちや若者は、既存のテレビ番組なんてちゃんと見たことがない。だからテレビディレクターから「ただの思いつき」と一蹴される企画であっても、新鮮に感じておもしろがってくれる。

企画力はテレビに遠く及ばないけれど、ユーチューバーは「編集力」と「親密さ」を大切にしている。

スマートフォンを手に持って動画を見ると疲れてしまうし、テレビのように20分も30分も辛抱強く見られない。最初の1～2分でユーザーの心をつかまなければ、最後まで動画を再生してもらえないのだ。

だからユーチューブの動画職人は、バッツンバッツンに映像をぶった斬って大胆に編集し、短い時間の中にできるだけたくさんの情報を詰めこむ。

さらに、人の顔なんて隠れてしまうくらいの大きさでバンバン字幕や煽り文句を入れる。こうなると、表情をきれいに見せるカメラワークや照明の細かい技術なんて必要ない。

なんだったら、ユーチューバーは顔を見せないマスクマンでもいいわけだ。むしろマスクをしたほうが印象が強くなっていいかもしれない。僕ら芸人はマスクを被った状態でしゃべっても舞台や現場ではウケないが、ユーチューブでは奇妙な逆転現象が起きている。

要するに、動画職人は映画の予告編のようなものを作っているのだ。実のところ、映画の予告編は映画の本編よりおもしろいことも多い。1分半から2分の動画の中で、主要キャストの顔と名前を連射する。映画の中で最もおもしろいアクションシーンや危ないシーンを、ドン！ ドン！ という効果音とともにチョイ見せする。また、ユーチューバーは、しゃべりのテンポがよいことも特徴だ。

今の若い世代はダラダラと流れるコンテンツを見続ける集中力がない。だからとにかく無駄を排し、「てにをは」のあと息つぎや句読点となる「間」を切っていく。

「しゃべり＝音楽」という感覚で編集された動画は、見ていて小気味いい。「生活への密着性」も、動画で再生回数を稼ぐためのポイントだ。HIKAKINが動画を作るときは、前に自分が紹介したオモチャや小道具が見えるように、わざわざカメラに映る場所に置いておく。すると動画を見ている人は、「自分の部屋でこの動画を撮っているのだな」とプライベートな空間に足を踏み入れた気になれる。「明日は朝と夜に新しい動画を上げます」とか「今週は月水金に動画を上げます」と予告したり、「今日は大阪に来ているので、×時×分から生中継します！」とSNSで予告する。ソーシャル・ネットワークの力を活かして、みんなとのつながりを生むのだ。

その意味では、ユーチューブ動画はラジオに近いと思う。「見るラジオ」と言い換えてもいいだろう。ラジオのリスナーは、自分が好きなパーソナリティの声や近況、ニュースの分析を聞きたいからわざわざチャンネルを合わせる。ハガキやメールで意見や質問を寄せて採用されれば、とてつもなくハッピーだ。

だから、ユーチューバーはテレビタレントというよりも、ラジオパーソナリティに近い存在なのだろう。プライベートな生活の一部を、フォロワーのためにオフィシャルに公開してしまう。寄せられたコメントを読んで、SNSなり動画の中でコメント返しをする。

ファンと自分との共通言語を獲得し、動画とSNSというツールを利用してバーチャルなコミュニケーションを緩やかに持続する。ユーチューバーの動画をレベルが低いと言うのは違う。テレビバラエティの世界で重視されてきた企画に重きを置いていないだけなのだ。ユーチューバーにとっては「編集力と密着性」が企画力よりもはるかに重要なのだ。

時代によって求められる力は変わってくる。その変化に柔軟に対応できる人だけが残っていく。

この地球上で生き残れるのは「力の強い」動物ではなく「臨機応変」な動物なのも頷ける。

ピコ太郎のつくりかた
⑬

「おもしろい」の基準は時代によって変わる

舞台の時代、テレビの時代、スマホの時代。
デバイスの変化は「おもしろい」の基準をも変える。
固定概念を捨て、新しいことを試し続けられる人だけが生き残っていくのだ。

過去の技術の蓄積はいずれつながる

14

もしゴールデンタイムの「あの人は今⁉」に出演してくれとオファーが来ても、そういったオファーは丁重に断ろうと決めている。

ピコ太郎のヒットについて「古坂大魔王が不遇の20年から起死回生の一発逆転」というイメージを持っている人が多いようだ。

今までまったく売れていなかった芸人が、突然メジャーになったと思われていることが多い。

でも実際の僕は、2004年ごろの一時期を除いて仕事が完全に途切れたことはない。

「今まで食えていたのか」と聞かれれば、ごくごく一時期以外は「しっかり食えていた」。

若手時代に「ボキャブラ天国」や「爆笑オンエアバトル」に出るようになってから、キー局の全国放送にコンスタントに出続けていたわけではないことは事実。でも「ボキャブラ」や「オンバト」後の僕が、芸能界から姿を消したわけではない。

地方局のレギュラーを持っていたし、ラジオやイベントの司会もある。僕はお笑いだけでなく音楽もやっていたので、音楽のイベントに出ることもあった。

ネット番組もずっとやっていたから、普通に忙しかった。爆笑問題が司会を務める「雑学王」の「伸び悩み芸人枠」に初めて呼んでもらったのは、2010年のことだ。

爆笑問題をずっと尊敬していた僕にとっては何よりの喜びだった。

くりぃむしちゅー、ネプチューン、チュートリアルの「しゃべくり007」などにも出るようになったし、古坂大魔王はそこそこの安定飛行を続けていたのだ。

トリオを組んでいた若手時代の経験も、「ボキャブラ天国」や「爆笑オンエアバトル」に挑戦した経験も、瞬発力が求められる雑学もので頭をフル回転させた経験も、すべて古坂大魔王というスープのダシとなった。

お笑いだけでなくプロとして音楽に打ちこんだ経験も、古坂大魔王というスープのベースになる。日本中あらゆるライブハウスを回った。すさまじくショボいライブハウスだと、客が5人しかいなかったりもする。そういうディープなライブハウスもおもしろい。

地元のおじさん歌手が演歌を歌うのだが、キーボードだかパソコンだかで作った微妙な伴奏を流して歌を合わせる。するとどういうわけか、それが妙にテクノっぽくて新鮮に聞こえる。

本人は演歌のつもりで必死に歌っているのだが、どう聞いてもそれは演歌ではない。

こういう地方のおじさんを見て、おもしろいなぁ……と思っていたところにピコ太郎が「現れた」。

東京に出てきてから二十数年間、僕はさまざまな経験を積み、多くのコンテンツに触れてきた。

それらの過去の蓄積を全部寸胴鍋に放りこみ、二十数年間スープを煮込み続け、熟成に熟成を重ねた結果出会えたのがピコ太郎だと思う。

バズるためには一気に短期間で拡散しなければならない。それには、多くのファンを持つアーティストやタレントに広めてもらうのが一番いい。しかしそれはすこしばかりおこがましい行為であるのはこの世界の常識。でも「ピコ太郎プロジェクト」は自腹で挑んだ一世一代のもの。

僕がお願いすると、芸能界の仲間たちが次々と賛同してくれて、ピコ太郎の存在を拡散してくれた。

古坂大魔王としての蓄積がなければ、ピコ太郎が世に出ても誰も相手になんてしてくれなかっただろう。

古坂大魔王が芸能界でしぶとくがんばってきたことが道になり、多くの人が支えてくれるようになっていた。

ＣＯＷＣＯＷ《カウカウ》の「あたりまえ体操」が、インドネシアで大ブレイクしたことをご存じだろうか。

インドネシアはＪＫＴ48が人気だったりと、日本人アーティストへの親和性がもともと高い。そのインドネシアで、小さな子どもにもわかりやすいあの体操がハマったのだ。普通にイベントの司会をしているくらい、彼らはインドネシアに自然に馴染んでいる。

ピコ太郎がインドネシアへ呼ばれたとき、現地でＣＯＷＣＯＷの2人と一緒になった。

「コラボしましょう。『あたりまえＰＰＡＰ』をやっちゃいますか」と思いつき、本番5分前にＣＯＷＣＯＷとパパッと打ち合わせした。ぶっつけ本番で「あたりまえＰＰＡＰ」をやったところ、一発でうまくいって、現地で笑いをさらった。

ＣＯＷＣＯＷの多田健二と善しは１９７４年生まれだから、僕の１歳下だ。20年もキャリアがあれば、失敗も成功も修羅場も、山ほど経験している。経験値があるから、突然の方針変更やアドリブなんて、動じることなく対応できる。

「今日の会場は後ろの客席がけっこう遠いね。マイクは何本あるの？……ってことは、こうしたほうがいいよね」と、その場の確認作業でどんどん状況を修正していける。もし若手と若手がインドネシアでコラボしていたら、こうはいかなかっただろう。

人生に無駄はない。紆余曲折を経てさまざまな仕事を経験し、ときには回り道をしているように思えても、そのときの苦労や工夫はあとでつながって全部活きる。努力はそのとき報われなくても、努力した自分ができ上がっている。今自分がしている経験は、すべて将来に活きる「芸の肥やし」になる。

ピコ太郎のつくりかた
⑭

無駄な経験は
ひとつとしてない

点と点がつながって線になる。今やっていることが、いずれ大きな成功につながっていく。すべては「芸の肥やし」。くさらないで、目の前のことをひとつひとつやっていこう。

第4章

世界でバズる方法

15 デジタル技術の進化がスターを作る

力道山が日本プロレスを立ち上げたのは1953年のことだ。

あのころ白黒テレビは、庶民にとって高嶺の花の高級品だった。

力道山＆木村政彦VSシャープ兄弟の息詰まる攻防戦を観戦するために、ものすごい数の群衆が街頭テレビの前に殺到した。って、実際見ていないけれど。

力道山が人気プロレスラーになったから、各地に街頭テレビが設置されたわけではない。街頭テレビというデバイスができたから、力道山というスーパースターが生まれたのだ。

1964年に東京オリンピックが開かれ、高度経済成長期に入って人々が豊かになるにつれて、家庭にカラーテレビが普及する。80年代になるとドリフさんやたけしさんの番組が一世を風靡し、萩本欽一さんは「視聴率100％男」と呼ばれた。

彼らスーパースターがいたから、カラーテレビというデバイスが日本中に普及したわけではない。カラーテレビというデバイスができたから、ビッグ3や欽ちゃんというスーパースターが生まれたのだ。

ウィンドウズ95が発売されたインターネット黎明期の通信は、信じられないほど細く弱かった。ダイヤルアップ接続でテキスト情報をやり取りするだけで精一杯だったのが、ＡＤＳＬの登場によって画像なども送受信できるようになる。

スマートフォンが発売されてからも、通信速度の遅さと通信量の上限は大きなハードルだった。１Ｇ（アナログ通信）から２Ｇ（デジタル通信）、３Ｇ（高速デジタル通信）の時代を経て、２０１２年に第４世代の通信規格４Ｇがリリースされる。

４Ｇが作られたおかげで、ユーチューバーが誕生した。

今日隆盛を誇るユーチューバーは、４Ｇがなければ生まれようがなかった。街頭テレビがあったおかげで必然的に力道山が誕生したのと同じように、４Ｇという通信インフラとスマートフォンというデバイスが組み合わさったおかげで、ユーチューバーが必然的に生まれたのだ。

ＨＩＫＡＫＩＮやはじめしゃちょーは、その流れに乗ったのだ。

新しいインフラ、新しいデバイスができたときに、躊躇なくすぐさま試してみる勇気は大事だと思う。

水道橋博士さんがなぜネットの世界で有名かといえば、芸能界最速でブログを立ち上げ、誰よりも早くツイッターでつぶやいていたからだ。

有吉弘行は僕ら仲間内での高評価にもかかわらず、一時期芸能活動が低迷していたものの、2007年から愛のある毒舌とあだ名のつけ方で再ブレイクする。

2010年2月という早い時期に始めたツイッターのフォロワーは700万人以上いる。有吉が特別にツイートに力を入れているわけでもない。早くにやり始めたというのも要因のひとつだと思う。

ブログやツイッターを最初にやった人は「なんだそれ」「意味わかんねえしダサいよ」とバカにされたに違いない。

初期のユーチューブでせっせと動画を投稿していた人も「1円の足しにもならないことをやってどうするんだ。よっぽどやることがなくて困っているのか。そもそもダサすぎるだろ」とバカにされた。だが最初にやった者が、時代の最先端を行く。

今のスタンダードはかつて誰かが革命を成し遂げて築き上げたものだったのだ。

お笑い芸人ならほとんどの人が思っているし、よく言っている定説的な話がある。

今のテレビや舞台のお笑いやバラエティのシステムはたけしさん、さんまさんたち世代が発見して構築、とんねるずさんがそれらを遊びに遊んでぶっ壊しちゃって、ほぼ同時期にダウンタウンさんが別世界線で構築、発明したものがメインストリームに存在する。僕もご多分に漏れず影響を受けまくっている。

ダウンタウンさんは「お笑い＝トークや大喜利」という「価値＝ルール」を確立した気がする。

無駄な小道具や音楽を排し、しゃべりの技術と発想で勝負する。ダウンタウンさん以後の芸人はダウンタウンさんが作った高次元のルールの上で切磋琢磨してきた。ルールの中で戦っていたら、絶対にルールを作った人には勝てない。これは言う人が多い。

新しいルールを作るには、まだ誰もいない新しい場所にいち早く行くのが賢い。しかし、「そこ」から逃げてはいけない。「そこ」でも切磋琢磨を怠らず、「探す」のだ。

動画配信のビジネスモデルは刻々と変化していく。つまり次は「5G」というデジタル環境からスターが生まれるはずだ。

ピコ太郎のつくりかた
⑮

ルールができる前に ポジションをとれ

新しいデバイスが生まれ、プレイヤーが殺到し、やがてスターが生まれ、ルールが作られる。当たり前だけれど、ルールを作った者が一番強い。

だから、いち早く変化に対応し、ルールが作られる前にポジションをとろう。

未知の世界に軸足を移す

16

「ニコニコ動画のビートたけしさんになる」

2006年にニコ動がサービス開始されたとき、僕はそう決めた。

隙間を見つけて生きてきた僕が新しいメディアに飛びつくのは当然だった。


テレビの世界は、競合相手が無数にひしめくレッドオーシャンだ。

ネット動画の世界は、まだ誰も認知していないブルーオーシャンだった。

テレビの世界でたけしさんになれなくても、黎明期のネット動画ならばトップを取れるかもしれないと思った。


僕がアメブロ（アメーバブログ）を立ち上げたのは2007年のことだ。どういう投稿をすればアメブロで盛り上がるのか。写真の載せ方にはどんな工夫が必要なのか。試行錯誤しながらブログで遊んでいった。


ネットの空気感を肌身で感じながら、トライ&エラーを繰り返していった。

アメブロよりもっと前に、ホリエモン（堀江貴文さん）のオン・ザ・エッヂ（ライブドアの前身）が立ち上げたサービスを試したこともある。

僕は早くから音楽ライブを始めていたから「何かうまい方法はないものか」と模

索していた。試しにネットを使って音楽ライブの告知をしてみると、それを見て来てくれた客が20〜30人いた。

ユーチューブすらなくて動画を簡単に使えない時代ですら、ネットに集客力があったのだ。

1999年にミクシィの前身が設立され、2000年代前半にすさまじい勢いで広がった。ミクシィを使って単独ライブの告知をしてみたところ、なんと200〜300人もの客が集まった。急成長を続けるネットというツールを活用しない手はない。ネットを徹底的に研究し、最先端のツールとしてフル活用することにした。

僕は「ノーボトム」というテクノユニットを結成して音楽活動をやっており、このユニットのホームページに早速動画をアップしていった。弟がネットに詳しかったため、弟やその知り合いに頼んでパソコンによる打ちこみを教わり、自前でオリジナルコンテンツを作っていったのだ。

古坂大魔王とケンタの音声コントユニット「ケンタマオウ」では、ラジオコントの音声を録音したあと、影絵と合体させて動画を作った（今もユーチューブにあるから、興味がある人はアクセスしてみてほしい）。

ネットを使ったビデオコントは、もちろん技術を覚える必要はあるけれど、全部自分でできるからやりがいがあった。

熊本放送のラジオ番組も、自分の部屋で自分で録音し自分で編集して完パケ納品していた時期もある。

ワンルームの部屋にゲストを呼び、マイクの前でトーク番組を収録する。

著作権フリーの音楽や効果音を挟みこみ、CMまでくっつけて完パケ納品するのだ。

今はネット環境が整備されて誰もがラジオ局のように音声コンテンツを配信できるようになったが、僕はCDに録音し、ラジオ局に送っていた。

今でも放送局は、下請けの番組制作会社に番販（番組販売）を発注する。

普通は番組制作会社がやるところだが、僕は一人で全部その仕事をやっていた。番販のギャラは1カ月5万円だ。一人で作業するのだから、アルバイトとしては十分おいしい。それに楽しい（放送局は、まさか芸人があの作業を一人でやっているとは思っていなかっただろう）。

ブログ、ミクシィ、「ケンタマオウ」の影絵コントといった経験は、すべてユーチューブ時代に活きることになった。

見よう見まねでネットをいじっているうちに、自分の中でノウハウがたまっていった。

ユーチューブにアップロードしたピコ太郎の「ＰＰＡＰ」には、早くからネット時代を生きてきた僕の経験が濃縮されている。

そこがおいしい市場になる前に、遊び感覚、実験のつもりで飛びこむ。自分の手を動かして理解を深めておくことで、ここぞというタイミングで波に乗れるのだと思う。

ピコ太郎のつくりかた
⑯

見よう見まねでやってみろ

最初は誰だって見よう見まねでやるしかない。しかし、それこそが正しいし楽しい。すべては実験。

まず、やってみよう。

バズる3条件

17

僕はインターネットを長い間やってきた中で、ネットでバズを生み出すためには3つの条件があると気づいた。

それは、多面的、一極集中、スピーディーだ。

僕はそもそもR－1ぐらんぷりに出るために、ピコ太郎の動画を出そうと思っていた。

しかし、ピコ太郎はあまりにも世の中に出ていない。テレビとかインターネットとかに出ている動画はほぼ0件だった。

そこで、まずはピコ太郎を知ってもらうためにとにかく一回バズらせたいなと考えた。

「転校生の原理」から考えても、無名のままのピコ太郎をR－1ぐらんぷりに出しても、現場ではまずウケない。ウケたとしても、それだけでは足りない。テレビの番組である以上話題性が伴ったほうが勝ち抜くチャンスが増える。

だから自腹で動画を作って、自分の後輩とか、アーティストの仲間とか、アイドルとかに「ごめん、今回は自腹だから、ちょっと広めてほしい。ぜひともバズらせてほしい」と頭を下げて頼んだ。

いざやるなら一気にやらないといけないことはここまでで感じていた。火を1カ所につけても少量の雨で消えてしまうから、大きいキャンプファイヤーじゃないといけない。

ということは、同時期に、多面的に火をつけるしか方法はない。

だからお笑い芸人、アイドル、歌手、俳優、いろんな人に「今日やってくんない？」と言って、同日にやってもらった。

そして8月25日に動画をアップして、8月30日ぐらいまでにちょっと盛り上げたいなと思っていたところ、たまたま運よく、文化祭シーズンだった。

この時期は、学校に携帯を持っていって何かを撮るのがOKな時期だったのかもしれない。

しかも文化祭シーズンって、「なんかおもしろいことない？」と探している時期。たまたま、そういう時期に当たったから、まず中高生がパッと飛びついてくれた。

そして、ミックスチャンネルっていうアプリで盛り上がって、ずーっと1位になって、そこからユーチューブにボーンと広がっていった。

日本の中高生って世界的にもとても興味を持たれている。

日本の中高生の間で流行っているものって、レディー・ガガも「カワイイ」って言うし、ファッション的にもカルチャー的にも、ちょっと飛んでいる世界なのだ。

そこに世界中が興味を持って、まずはタイ、韓国、台湾などのアジアに広がって、次にじわじわヨーロッパに行って、９月25日にはアメリカの９ＧＡＧっていうサイトがドーンと載っけて、そこから僕のところにメールがドッと届き始めた。

さらに、バットマンがピコ太郎をぶんなぐっている絵とかが流れてきて、ワッと盛り上がっているときに、例のジャスティン・ビーバーのツイートがボーンと来たのだ。

「ジャスティンインパクト」である。

多くの人はジャスティン・ビーバーが偶然ツイートしたから一気にバズったという印象を持っていると思うけれど、実は多面的、一極集中、スピーディーに小さな火をつけて行ったことがきっかけだった。でもでも、ジャスティンはでかいよ……そこはごめん……。

ピコ太郎のつくりかた
⑰

多面的、一極集中、スピーディー

ネットでバズるには、多様なコミュニティに、
同時期に一気に火をつけることが重要だ。
偶然のヒットは意外とない。

第5章

世界と向き合うコスプレ力

別人・ピコ太郎が世界に出て行く

18

もともと、小さく火がついていた「ＰＰＡＰ」だけれど、ジャスティン・ビーバーがツイートしたことでまた世界が変わった。

「古坂さん、大変ですよ！」

早朝に電話がけたたましく鳴り、この日は大変な騒ぎになった。ＣＮＮやＢＢＣが「ＰＰＡＰ」を紹介すれば、他の世界中のメディアも追随する。

ジャスティンインパクトから1カ月間、朝から晩まで毎日、警報が鳴っているような状態だった。「バズる」とはこういうことなのかと、身をもって実感した。

「ヤベエよ！　再生回数１００万回超えたぞ！」

「５００万回を超えたぞ」

「１０００万回だ」

「スゲエ！　××がリツイートしてくれたぞ！」

そんな調子で、四方八方から信じられない報告が次々入る。

「今Ｒ－１ぐらんぷりに出たら決勝に行けるかも。ピコ太郎にがんばってもらおう」なんて言っていたら、事態はすでにＲ－１どころではなくなっていた。

話題が世界規模に広がり、Ｒ－１に出場するどころではなくなっていたのだ。

僕たちがよく言う「海外」は、欧米をイメージしていると思う。

でも世界はヨーロッパとアメリカだけではない。

中南米、オーストラリアやニュージーランドをはじめとするオセアニア地域、東アジア、東南アジア、南アジア、ロシア、中東、アフリカと世界はだだっ広い。欧米どころか、五大州すべてにピコ太郎は進出したのだ。

「PPAP」を発表した2016年8月を境に、僕の人生は一変した。

クオリティ第一主義で、一切の妥協なく最高の動画を作ったつもりだったが、まさかあのような騒ぎになるとは思いもしない。神奈川県厚木のスタジオを借り、たった10万円の予算で作った動画だ。ここまで世界中に拡散するとは思いもしなかった。

のんびり景色を眺めながらカヌーをゆっくりこいでいたのに、突然見たことがないほど流れが速い激流に巻きこまれて火星に着いた……そんな感じだ。

2016年10月、おもしろいことに、東アフリカの内陸部にあるウガンダのヒットチャートで「PPAP」が1位を獲得した。

そのことが縁で、2017年10月にピコ太郎がウガンダ観光大使に任命されたのだ。任命にあたり、ぜひウガンダを訪問してほしいと招待された。

ウガンダ行きは、飛行機を乗り継ぎながら何十時間もかかる。

「アフリカまでノーギャラに等しい仕事をしに出かける暇があったら、日本でテレビに出たりイベントに出たりしていたほうが儲かる」

そう言う人もいるが、儲けなんて度外視で構わない。「ピコ太郎がウガンダに行く」というだけでムチャクチャおもしろいではないか。僕はお金より、おもしろさを取った。

勇んでウガンダ入りすると、いきなり日本とは違う段取りの悪さに翻弄された。現地では大統領と面会することになっていたのだが、式典が行われるのかすら「確定していない。わからない」と言われた。何ひとつ話が通っていない。段取りが悪すぎる。

大統領と面会する前に1階で身体検査を受けたのに、2階に移動したら「身体検査をやる」と言う。「今1階でやりましたけど」と説明すると、係官は「そんなことはオレは聞いてない」と仏頂面で言う。

何度も身体検査を受けて部屋に通されてからも、どのタイミングで式典に呼ばれるのかわからない。

まるでバラエティ番組の「ドッキリ」のようだった。「はい、行ってください」と言われて飛び出してみたら、そこにウガンダの大統領がいた。

「アー・ユー・ア・サムライ?」と大統領から突然話を振られ、咄嗟に「アイ・アム・ア・シンガーソングライター。ペンパイナッポーアッポーペン」と答えて笑いを取った。

式典会場にはウガンダ大統領以外にも、国連職員やウガンダ観光局のトップ、その他にも日本大使館からやってきた外交官や各国の投資家など、偉い人が大勢並んでいる。その模様が、ウガンダの国営放送で生中継された。

2017年6月には、UEFAチャンピオンズリーグ決勝戦(ユベントスVSレアル・マドリード)の試合を生観戦し、日本人アンバサダーとしてデル・ピエロ、ルイス・フィーゴ、ダヴィド・トレゼゲ、マルコ・マテラッツィ(ジダンに頭突きされた男)といったサッカー界のスーパースターとからみまくった。現地での子どもや若者の人気はとんでもないものだった……。ありがとう……。

海外の大物相手に、どうしてそんなに堂々としていられるのかと聞かれるが、それは……ピコ太郎だからだ。

角刈りにマッキンキンの衣装の東洋人。ピコ太郎は最初から社会常識がない人間なのだから、物怖じしない。

実は、僕自身は海外への劣等感ははんぱない。

ただ、ピコ太郎は別人だ。れっきとしちゃってる。別人だ。

だいたい、日本人は英語をしゃべれないとどうしても恥ずかしいと思ってしまうけれど、ピコ太郎は本当に天然だから、英語を間違えても関係ない。

滑っても気にしない。きっとピコ太郎はいい意味でなめている。

本人は失うものはまったくないのだ。

僕とあいつは別人だけれど、素の自分でいると恥ずかしくなってしまうなら、恥を知っている自分は日本に置いたままで、もう一人の自分として世界に飛び出していくのも手だと思う。それもまた別人だもんね。

ピコ太郎のつくりかた

⑱

コスプレ気分で
恥を捨てろ

日本人はハロウィンで仮装した途端、いきなり大胆になる。世界ではシャイな人はなかなか注目してもらえない。別人になりきって恥を捨てよう。僕とピコ太郎は完全に別人だけど。

熱いことに恥ずかしがらない

19

僕はピコ太郎が世界でこれだけの人気を獲得するとは最初は思ってもみなかった。日本語で歌ったCDを日本だけで販売し、ウェブサイトでも動画チャンネルでも英語表記をまったく使わない。これではせいぜい曲が10万ダウンロードされる程度のヒットにとどまる。

1億人の市場を相手に10万ヒットするのなら、10億人の市場では100万のヒットに広がる。50億人の市場へ斬りこめば、500万ダウンロードされるかもしれない。母数を最初から少なく設定するのではなく、どうせなら世界人口を分母に物事を考えたほうがいい。自分で自分の可能性を狭めないほうがいい。今やアメリカでもブラジルでも僕の音楽が聞かれ、アフリカの部族がスマートフォンで僕の音楽を聞く。これこそグローバリズムの醍醐味だ。

僕も世界に出てみて初めて実感したのだけれど、日本人は世界で驚くほどいっぱい活躍している。無論アニメ市場が主であるが。

日本人は検索も日本語でやるから、英語のニュースをほぼ見てなくて、そこに気づかない。

ツイッターで「ピコ太郎、もう日本じゃなくて、海外かどこかでやっていればいいのに」とよく言われたりする。

つまり、日本と海外を別だと思っている。

音楽界も「洋楽ランキング」というふうに、未だ日本と海外を分けている。その昔ならわかるけれど、もうネット時代になって何年経つ⁇

でも、日本って、海外から見れば海外ですよね。日本も世界の一部なのです。日本も海外も同じなのにとすごく思う。

もちろん日本の伝統文化、さっき書いた「間」や、伝統芸能の歌舞伎などはしっかり守っていかないといけない。

でも、守りながらも攻めないと、伝統が死んでいく。特に今はインターネットで、世界がつながっているのだから。

鎖国政策のように日本語圏内に閉じこもるのではなく、ブロークン・イングリッシュでもまったく構わないから、いきなり世界市場をねらうべきなのだ。翻訳ソフトもアプリもあるし、ユーチューブなんかは勝手に翻訳してくれる。言葉を身につける必要すらない時代もすぐそこだ。

世界の人々は、日本から生み出されるきめ細かく美しい表現、クールな音楽やアニメーションを渇望している。

実際、アニメがオンエアされたその日の夜に、英語字幕がついた海賊版が違法サイトに流れる。

世界へ戦いを挑むときに大事なのは、泥臭いようだが熱量と情熱だ。

日本で暑苦しい理想を語ると「なんかダサッ。お前、今超必死じゃん」と嘲笑される。

「そんなダサすぎること、今どき誰もやってないよ。オワコンじゃん」と鼻で笑われる。

世界では誰もそんなことは言わない。みんなハングリーだ。

僕もそんな妥協はカッコ悪いと思うから、人から何を言われようが熱量と情熱を燃やしながら突き進んできた。ピコ太郎と一緒に世界に勝負を挑んだ。

ピコ太郎に恥ずかしさはない。

まずあの格好でまともにしゃべるとは思われていない。

それでも、ちゃんと言わないといけないことは、グーグル翻訳を見て「あなたに会えて光栄です」って何て言うんだろうとか、「あなたのあのプレーは素晴らしかったです」ってどう言えばいいんだろうとか、その場で調べている。

基本としては、「オレなんか」と思っている。だから失うものがない。失うものがない人間は強い。

現在も僕のマネージャーを務めてくれている男は、かつて上司から「古坂大魔王はなんで頭ひとつ突き抜けないいんだ。お前は古坂をどうやって売るんだ」と会議室で詰め寄られたことがあるという。

そのときマネージャーは「時代がついてきていないんです。時代がついてきたら絶対売れます」と迷いなく即答した。

まさかそんな答えが返ってくると思わなかった上司も他の同席者も、会議室で大爆笑したそうだ。

マネージャーも一緒になって、

「今に見てろ。オレたちは時代の先を行っているんだ」

そう信じて仕事をしていたら、本当に時代がピコ太郎に追いついて、ドン！　と世界に押し出してくれたのだ。

体温を上げ、湿度を上げよう。熱を帯びた体で、世界に飛び出して勝負しよう。

ピコ太郎のつくりかた
⑲

熱いことをバカにするな

世界に出て行けばわかるが、活躍している
人はみんな熱くて、大胆だ。
ナナメに構えていたら、何も伝えられない。
熱さこそ武器なのだ。

20

世界のどこでも自分は自分

２０１７年11月6日、おもしろいことが起こった。

外務省から極秘で打診があり、日米首脳会談のために訪日したドナルド・トランプ大統領の晩餐会に、ピコ太郎が招待されたのだ。

迎賓館に足を踏み入れたのは、もちろんこれが初めてだった。

ピコ太郎は晩餐会へ、パジャマのようなパイソン柄の上下を着ていこうと思った。それがピコ太郎の正装だからだ。だが外務省の担当者が「晩餐会なのでそれは駄目です。黒のモーニングかスーツにしてください」と言う。それではピコ太郎がただのアウトレイジになってしまう。まんま。

担当者に粘り、パイソン柄とサングラスは譲らなかった（おそらくあの場でサングラス姿だったのはピコ太郎くらいだろう）。

パイソン柄の羽織袴を急遽準備し、それを着こんでいくことにした。羽織袴ならば日本の伝統的な正装だから、晩餐会には似つかわしい（現場ではかなり浮いていたが）。

迎賓館は鉄壁の警備態勢が敷かれており、機動隊や警備員が大勢で守りを固めている。

門から建物まで200メートルか300メートルはあるだろうか。お城のような豪華絢爛な建物に入ると、ハリウッド映画に出てくるようなゴッいSPがひしめいている。

主賓席には安倍晋三首相とトランプ大統領が座る。近くのテーブルには菅義偉官房長官や麻生太郎財務大臣、世耕弘成経済産業大臣、河野太郎外務大臣、公明党の山口那津男代表など、与党の首脳部が勢揃いしている。

財界人の席にはトヨタ自動車の豊田章男社長やキヤノンの御手洗冨士夫会長、三井不動産の岩沙弘道会長など、すごい面々が並ぶ。ノーベル生理学・医学賞受賞者の山中伸弥教授もいれば、読売新聞のナベツネ（渡邉恒雄）さんもいた。

芸能人やスポーツ選手は、杉良太郎さん、プロゴルファーの青木功さんや女子サッカーの川澄奈穂美さん、レーサーの佐藤琢磨さんが招待された。全部で約80人の招待客の中に、なぜかピコ太郎が紛れこんだのだ。

社長や政治家や教授の皆さんから気さくに「写真撮ろうよ」と声をかけられ、これ幸いと撮れるだけ写真を撮りまくった。「ワシントン・ポスト」や「ニューヨーク・タイムズ」など、外国の新聞記者からはひっきりなしにインタビューされた。

晩餐会では、余興の類は一切やってはいけないことになっている。だから「ＰＰＡＰ」の音楽をかけてパフォーマンスすることは許されなかった。せっかく晩餐会に呼ばれたのだから、ピコ太郎として爪痕を残したい。

ピコ太郎は意を決して立ち上がり、トランプ大統領の席へ突き進んだ。

すると安倍首相が「うちのピコ太郎です。ペンパイナッポーアッポーペンです」と紹介し、トランプ大統領がスッと立ち上がって「Oh!」と手をあげたのだ。「知ってるよ。キミは日本のピコ太郎だろ。今日は歌わないのかい？」とニコッとカマす。ピコ太郎はここぞとばかりに「OK! Here we go!」と歌いに行くそぶりで返す。即座に大統領が「Hey, wait, wait, wait」と笑いながら止める。トランプ大統領は、ボケとノリとツッコミを厭わないオモロイオッサンだった。

トランプ大統領と安倍首相と一緒に3ショットを撮ろうとしたら、なんとトランプ大統領がピコ太郎に「真ん中にどうぞ」と言う。

「いやいや、ここは大統領が真ん中ですよ」と場所を譲り合い、奇跡の3ショットが撮れた。写真を撮る瞬間に小声で「アッポーペン」と言ったら、トランプ大統領が「ハハッ」と笑った。あの3ショットのトランプ大統領の笑みはその瞬間のものだ。

僕、古坂大魔王だったら、こんなに堂々としてはいられなかったと思う。あいつならやりかねない。

ピコ太郎はハワイの番組に出ても、ずっと「ありが玉置浩二」って言っていた。フランスでもベルギーでもそうだった。全然ウケていなかったが気にしない。

僕は「郷に入っては郷に従え」という言葉がすごく好きなんだけれど、その郷のことがわからなかったらどうすればいいか。

そこでわからないからといって動かなかったら、誰も自分のことを知ってくれない。

たとえば、タイでは「左手で子どもの頭を触っちゃダメ」。

でも最初は知らなかったら仕方がない。最低限は調べていくべきだけれど、それでも世界中の慣習をすべてインプットすることは難しい。

まずは誠意と尊敬をもって、自分がいいと思ったことをやってみる。それで、間違えたら、「ごめんなさい」と言って修正する。

それでいいんだと思う。

台湾のイベントでも、子どもが来るか、大人が来るか、満員になるかどうか、日本語が通じるか、通訳はどうなのか、まったくわからない。

「とにかく、いつもどおりやろう」というのがピコ太郎のやり方。

相手がアメリカの大統領であろうと、自分を変えることはできない。

つまり、いつもどおりやって、笑いを取って、最終的にみんなで踊って、帳尻を合わせていけばいい。臨機応変な変わらない自分を出す。そんなふうにピコ太郎は考えているはずだ。

ピコ太郎のつくりかた
⑳

合わせなくても大丈夫

個性豊かな大物たちと相対するとき、自分を変えて、相手に合わせていたら、おもしろがってもらえない。自分は自分にしかなれないのだからありのままで振舞おう。

第6章

最終的には愛なのさ

愛を与える者が一番強い

21

うちのお母さんはまぁきつい人間だ。ジャイアンのお母さんの実写版だ。

もともと漁師の娘で、暴れん坊だった。

子どものときは、背泳ぎとかを海でやっていて、近所の悪ガキに石を投げられて、額に直撃。本当にブシューッと血を吹き出しながらそのまま「てめえ！」って背泳ぎで追っかけたから、あだ名が「赤いクジラ」になったらしい。

それぐらい暴れん坊のお母さん。いまだに額にくぼみが残っている。

ただ、お母さんは暴れん坊なんだけれど、すごく慕われている。

なぜかというと、うちのお母さんは、すこし細かいくらい「あの人は何してんの」「この人は何してんの」「これもらったから返そう」「明日会うからこれはなきゃいけない」と世話を焼いて、休みの日には朝から晩まで近所の家をあっちこっち回るのだ。

別に政治活動もしていないし布教活動もやっていないんだけれど、あくまでも村意識、村社会の中でそういうふうに生きている。

でも、それが村から青森市に出てきたら、周りには公務員とか病院の先生とかが住んでいて、劣等感が出てきて、愛のみでは通じないところが出始めちゃったらしい。

そこで子どもたちに「勉強しろ」って言って、兄貴と僕と弟にめちゃめちゃスパルタで勉強させたのだ。

何やってもいいから、1番になれと。

でも1番になったら2番目を引っ張れと言われた。

「まずは1番を倒せ。ただ、倒した後はちゃんと手を差し伸べろ。そうでないと、あんたの意見は通んねえよ。下から上にしゃべっても誰も聞いてくんないよ。上から手を差し伸べていたら、いざというときにいろいろ聞いてくれるから。まず自分が勉強して、強くなって、上に上がる。そしてそこからやればいいから」

こういう母の教えが僕の中にはある。

そんな親に育てられたので、僕はどこかでマインドとして、劣等感と、勝つための負けず嫌いと、ちゃんと愛というのを持っている。

その中でも、やっぱり一番大事なのは愛、というのが僕の結論。愛なきは無敵ならず！

海外旅行に出かけると、道行く人同士がニコッと笑ったり「Hi!」「Good

morning!」と挨拶したりする。「今日はいい天気ね」「いい一日を過ごしてね」と言葉を交わし、男性は電車で女性に即座に席を譲る。レストランにベビーカーが入ってくれば、みんなで席を譲り合いながらマダムをエスコートする。

欧米ではこういうコミュニケーションが当たり前のようになされる。

向こうから尋ねられる前に「私はあなたの敵ではありません」「私はあなたの味方です」「あなたのことを愛していますよ」といきなり表明してしまえば、緊張感を解消できるのだ。

日本人は仲よくなれば友好的な人が多いが、見知らぬ他者に対してはシャイでコミュニケーションの扉を閉ざしてしまう。だから混み合った満員電車内や通りでは、なんだかギスギスした嫌な雰囲気が漂う。

ビジネスの商談をするとき、初対面の人と名刺交換してすぐさま本題に入ろうとしても、座が硬く凝り固まっていて話がスムーズに進まない。

自分の意見や要求を伝える前に「ビジネスパートナーとしてあなたと組んで仕事をしたい」「私はあなたのことが好きです」という意思さえ伝われば、話はもっと早いはずだ。

大勢の芸能人と仕事でご一緒するとき、僕は必ず事前にその人たちの近況を調べるようにしている。

もちろん時間の制約はあるが、所属事務所のウェブサイトで最近の仕事を確認し、ユーチューブやブログ、ツイッターを一気に見る。開口一番「今日、ツイッターで××と書きこんでましたね」と言うだけで、自分が相手に関心を持っているということを示せて話が膨らむ。

ミュージシャンと会うときには、前日や移動中にCDを絶対聞いておく。そのうえで、自分なりの音楽論を準備していって意見を伝えるのだ。するとミュージシャンは「オレの音楽をちゃんと聞いてくれてるんだな」とすごく喜んでくれる。こういう当たり前のことを丁寧にすることが大切だ。

くりぃむしちゅーの上田さんはゲストの名前をフルネームで呼ぶ。「あなたは」と言ったり、相手を名字だけで呼んだりはしない。フルネームを誤りなく呼ぶことによって、相手への敬意を示しているのだ。

顔と名前を正確に一致させるだけで、相手は「自分のことを覚えていてくれたんだ」と安心する。年齢を重ねるごとに覚えづらくなってきているので、忘れたらきちんと謝って確認することも、また愛。

嫌いな人間に耳たぶを触られたら気持ち悪くてかなわないが、恋人に耳たぶを触られればうれしい。嫌いな人間と一緒にお風呂に入るのは1万円払ってでも避けたいが、かわいい娘や息子となら喜んで温泉旅行に出かけたい。

臭い言葉だが「愛こそ最強」なのだ。短絡的な男女間の「love」だけでなく、「like」や「friendship」を含めた広い意味での好意を体全体にまとう。

転校生の言うことにはみんななかなか笑わない。だから、愛してもらうことが最初の一歩。

ピコ太郎は礼儀正しい。何より「出会う人すべて」を愛することを目指している。手に持っているのは「愛こそ最強」という武器なのだ。

ピコ太郎のつくりかた
㉑

give・give・give

人に好きになってもらうと、いろいろなことがうまく進む。その愛を得ようと思ったら、まずは人を愛することだ。こちらから相手を好きになる。相手を調べる。想像する。それが基本。

愛こそ最強の法則

22

いろんな偉い教授が「ＰＰＡＰ」のヒット要因を分析した論文を書いてくれている。うちの弟も教授だから、その論文を見せてくれるのだ。

それらには必ず「時期がよかった」とか、「1分の動画だったのがよかった」とか「ジャスティン・ビーバーのツイッターがすごかった」とか分析しているのだが、どの論文を見てもやっぱり「愛」がない。

愛を表現している人っていない。

だからもし僕が自分で論文を書くならば、一番上には「愛」が来ると思っている。この愛こそがすごく大事。

アインシュタインの相対性理論を織り交ぜて描いたといわれる「インターステラー」という映画があるけれど、時空などのすべてを超えるものに愛があるっていうメッセージがすごく好き。

まさに愛こそ無敵。愛があれば戦争も起きないし、愛があれば平和になるし、愛があれば金も稼げると思ったわけだ。

ピコ太郎はもうまんま外国人どころか宇宙人なので大丈夫なんだけれど、僕は海外に行くと面食らう。

でも愛があれば大丈夫。なにごともバカにせずに、愛を持っていれば、みんなOK。とにかく愛は不思議というか、これがすごく大事だと思っている。

僕がピコ太郎の動画を作るまでには、長年にわたる紆余曲折がある。古坂大魔王名義で作った古い動画を見てもらうとわかるが、ピコ太郎の原型となる動きやリズムが随所にうかがえるはずだ。

僕は、音楽とお笑いの融合をずっと前からやりたくて、17年ぐらい前にテクノ体操というコントをやった。

このテクノ体操の音源がまさに「ＰＰＡＰ」だ。

これをＮＨＫの番組でやったら、６００点満点の１５０点くらいで最下位になった。

唯一、立川談志師匠だけが気に入ってくれて談志賞をもらったんだけれど。

そして、5年くらい前に、このテクノ体操をバックトラックにして、ピコ太郎に歌ってもらおうと思った。

ヒットするコンテンツには膨大な歴史がある。ＰＰＡＰは1カ月くらいで作ったが、本当のことを言えば、芸歴25年の長い時を経てこの世に誕生したのだ。

この間、僕にはラジオやテレビのレギュラーや営業、音楽ユニットなどさまざまな仕事があった。

そこでの愛のやり取りがピコ太郎につながった。

昔から応援してくれているファン、家族、スタッフ、最初のインフルエンサーになってくれた後輩たち、若手のアーティスト、お笑いの仲間、こうしたいろいろな人たちに、愛情をもって接したおかげで、きちんと愛情で返してくれたんだと思う。だって1円も払っていないのに、みんな協力してくれた。

これはきっと全部、愛だと思う。こちらも愛すれば、愛で返してくれる。愛とは違う言葉で表現すると、尊敬であり、謙遜であり、認知かな。認め合うとそこには愛が生まれてくるんだなというふうに思った。

昔から僕を知っている人は「お前はよく途中で放り出さずにやってきたよな」と口々に言う。

でもそれは、周りの人たちの支えと期待があったからだ。青臭いことを言うが、プロとして仕事をするための燃料は人々の愛であり、「ありがとう」という感謝なのだと思う。

誰かから愛情を受けたと感じたときには、相手にもキャッチボールのように愛情を投げ返さなければならない。

そうしなければ、キャッチボールは途切れてしまう。もらったら返す。もらったら返す。この愛情のキャッチボールを、人は永久に続けなければならない。

ヒットを作るための最大の方法は愛を集めることだ。

心の奥底にいつも、周りの人へのサービス精神と愛を保ちながら仕事にこだわれば、誰かがきっと支えてくれる。あきらめそうになったとき自分をサポートしてくれる。

たとえば爆笑問題の太田さんは、何でもかんでも言っちゃう人だけれど、そんな彼に「お前ピコ太郎の活動が忙しいだろ」と言われたことがあって。「いや、あれ別人だからね」って返したら「めんどくさいなぁ」と言いながら聞いていた。その数日後、ラジオ番組で、相方の田中さんが、「そういえばピコ太郎は今すごいねー、古坂大変だと思うよ」と言ったら、「お前バカじゃないの。あれは別人に決まってるだろう」と言ってくれたのだ。

この瞬間に、インターネットで、「あの毒舌の太田が言えないってことは、相当なタブーなんだ」という話が広がった。

ピコ太郎は、まさに愛から生まれたのだと思っている。

ピコ太郎のつくりかた
㉒

人を支えてくれるのは愛しかない

いろいろ、ノウハウを書いてきたが、結局、何かを達成するためには、愛されることが大切だ。みんなの愛が集まって成果が出る。でも、そのためには、まずは自分が人に愛を与えることが一番だ。愛を与え、シェアしていこう。

おわりに

2018年、僕、古坂大魔王とピコ太郎は信じられない奇跡を体験した。およそ考えられない確率で、国境を超えて2人の幼い女の子と立て続けに出会ったのだ。この出会いについては書いたブログ「起きた奇跡と起きなかった奇跡と。」(2018年9月30日)をそのまま引用したい。


奇跡。

その確実な割合は知らないし、きっと定義がない言葉。

でも、人は多分にある考えられない確率に起こる物を通常「奇跡」と呼んでいる気がする。

２０１８年９月29日…僕はスペインの首都マドリードにいる。

JAPAN WEEKEND MADRID とこちらの大人気番組「LATE MOTIV」にピコ太郎が呼んでもらえたのである。

僕はいつもの通りプロデューサーとして帯同していた。

無論、ここにそんな数年前では考えられない、１つのどでかい「奇跡」があるのは否定しようがない。しかし、今回はそこには触れずに書きたい事があるのです。

今年、４月…一人の可愛らしい三歳の女の子と出会いました。


名前は「あいり」ちゃん。


ある機関を通じて出会いました。

そこは重篤な病気と闘っている子供達等に、有名著名人らが協力して、治療の活力になるのを目指して、子供達の夢などを実行したりするなどの、とても素晴らしい機関。

基本、殆どの有名著名人はそのようにしたことを、公表しないことが多い。

僕もそうしようと思っていました。


マドリードに来るまでは…。

「起きた奇跡」と「起きなかった奇跡」を感じるまでは…。


あいりちゃんの話に戻します。

その、あいりちゃん。

とても嬉しいことにピコ太郎の大ファンだったらしいのです。

あいりちゃんの敵となっていた病気は…とても治療の難しい病気。

薬の副作用により、頭髪も全てなくなる強い薬を投与したり…入院と手術を繰り返していました。


ねえ、三歳の女の子だよ。

ちっちゃいのよ。

ちっちゃくて可愛くて。

可愛くて可愛くて…。


大人とて、堪え難い辛い治療を必死に頑張っていたんです。

そんな女の子が…毎日ピコ太郎のＤＶＤやYouTubeを見て笑ってくれたり踊ってくれていたらしいのです。

嬉しい話じゃないですか。

そんな話を聞いて黙ってられるピコちゃんではなく。

何とか投薬時期や体調を考慮しつつ…やっと会える日が来ました。

４月13日。とあるホテルの一部屋を借りて、その機会を作ってもらえました。

控え室でスタンバイするピコ太郎。

隣の部屋からは歌ったり笑ったりする声が聞こえる…

時間が来たので…その「強い」あいりちゃんが待っている部屋へと…ピコ太郎は向かいました。

部屋のドアを開け元気よく登場するピコ太郎。

そこに居たのは…

ちーーーっちゃなピコ太郎だった！


ピコ太郎に扮装してくれて待っていてくれたのです。

カツラまで被ってくれてサングラスまでしてたから…もう、本当のちっちゃいピコ太郎でしかない！

飛び跳ねて喜んでくれる、あいりちゃん。

とても低い「ハイタッチ」をしに来たり、抱きついて来てくれる。

あまりの喜びように、近くにいたお母さんが横で涙を堪えきれずにいたのが心に響きました。

すぐに歌おうとするピコ太郎。

マイクスタンドもカラオケも準備済みです。

ＰＰＡＰを歌い始めたら横に来て…空を飛ぶように激しく楽しそうにピコダンス

を踊り始めてくれる。

本当に飛んでいるように見えたよ、あいりちゃん。


すぐにNEO SUNGLASSESを歌う。

「暗い暗い…明るーい！」をピコ太郎よりも大きい声で歌ってくれる。

最後の「トントン」の可愛い声たるや…ただの天使ですよ。

何度も何度も歌をせがんでくれる、あいりちゃん。ピコ太郎も汗だくで何度も歌う。

「次何歌おうか？」

「…えと、えと…ロミータハシミコフ！」

部屋に爆笑が起こります。

ピコ太郎も歌いながら、あまりのひどい歌詞に反省しながらも歌う。

一緒になって飛び跳ねて笑って踊るあいりちゃん。

時折…被っていたピコ太郎カツラが脱げ落ちる。

ピッカピカにツルツルになった可愛らしい頭が見えて照れ笑いする。

三歳の女の子。三歳の。

何曲歌っただろうか。

少し休憩を取りながら、ピコ太郎の膝の上に座ったあいりちゃんとのお話タイム。ここで、お母さんに頼まれた事がたった1つありました。「来週からまたキツイ投薬治療が始まるんです。もし良ければ〈体の中にいる悪い奴を一生懸命倒すのを頑張ってね!〉と言ってもらえると…有難いです。」

これは必ず言おうとしていたピコ太郎。

「あいりちゃんね、来週から…また体の悪い奴退治するんだよね? 大変な…」

と、あいりちゃんは、突然視線を外して顔を横にブルブル振り、悲しい顔をしました。

聞きたくないなぁ。聞きたくないんだよなぁ。

「…兎に角頑張ろう！　また会いに来るから！　動画も送るから！　頑張っちゃお！」

あいりちゃんは…少しずつ、少しずつ、…笑ってくれました。

そこから予定時間をオーバーしてしまうほどお話ししたり、また歌って踊ったり。

でも、あまり無理をすると…身体に悪いからと、そろそろ。

んー…あれ？

あいりちゃん、ひょっとして…これ…あれ？　これ…治っちゃうかもよ！

馬鹿な僕は近くで、とても近くで見ててそう思い始めました。

奇跡が起こるかも！

難しい病気…吹っ飛んじゃうかもよ！

僕やピコ太郎にそんな力などないのは分かってます。医学こそがそれであるのも。

分かってます。

でも、僕は馬鹿なんです。

信じちゃうんです。

こんなに笑って、踊って、最後はカツラを投げ捨てて、ツルツルの頭に汗かいて…はしゃいでくれる、ちぃーーっちゃな女の子…

病気なんかに負けるはずがない！　俺らオッサンならまだしも…こんな産まれてまだ3年の…生きる力に漲る女の子が…勝てる！　よし勝った！　まあ、ピコ太郎の力なんて微々たるものだけど…ほんの少しでも…ほーーーんの少しでも、完治の方向への後押しになる！　思ったりしちゃうのです。奇跡の完治だい！　どうだ！って！

その後プレゼント交換をして…また会う約束をして…その日のパーティーを閉じました。

ずーーっとバイバイしてくれてました。

そこから何度か、あいりちゃんの治療経過を聞いたり。たまにお手紙をもらったり…

また大変な手術をする前、ピコ太郎は…会いたかったけど…あいりちゃんもそう言ってくれてたみたいだけど……会うのは体調的にも厳しいと言われ、動画を送る事しか出来ませんでした。

次調子よくなったら…Can you see? I'm SUSHIを一緒に歌おうと思ってました。

2018年9月27日

あいりちゃんは、天国に行きました。

「奇跡」は起きませんでした。

その「奇跡」は起きないのに…

天国へと飛び立った日は…

2年前、ピコ太郎が全世界に広がるきっかけとなった…ジャスティン・ビーバーがリツイートしてくれた…その日でした。

きっとこの事で知ってくれたはずのあいりちゃんが…その日に。。

…そして今日…9月29日の事です。

場所は今ここ…スペインの首都マドリード。

驚く程の大熱狂のピコ太郎ライブを終えて、お客さんからの質問に答える「Q&A」イベントは始まりました。

その時…一人の…とても可愛らしい自作のピコ太郎のシャツを着たスペインの女の子が、どうしても聞きたい質問があるのか、物凄く元気に、何度も何度も手をあげてました。

年の頃なら…8~10歳くらいかな…。

背がちっちゃくて、中々質問を取り上げてもらえてなかったので、気づいたピコ太郎が地元のＭＣさんにその子の質問を聞いてくれと頼んでました。
マイクを持ったその女の子が、顔を紅潮させ、しかしながら満足げにこう質問しました。

「好きな動物はなんですか？」

なんたる可愛い質問!!
なのにまた、ピコ太郎は、どうしようもないわかりづらい答えを出す。

「アルパカです！」

…アルパカぁ！！？
本当にピコ太郎はアルパカが大好きだとは思うけど…アルパカって日本でいろんなメディアに取り上げられて大人気だけど…スペインではほとんど知られていない

らしく…その女の子は
「？？？…分かりません？　どんな動物？…んーー。わからないよぉ～。」と困っていました。
そこでピコ太郎が
「プリーズ、Google！」
女の子は大きく頷き…会場は笑いに包まれてました。

そんなやりとりがありまして…

次のイベント、サイン会です。

別室に設置した会場で１００人限定、ピコ太郎お面にサインをして一緒に写真を撮る…。ありがたい事にソールドアウトしてもらって…。

スペインの方やヨーロッパ各地の方が沢山来てくれて、とても和やかにサイン会が行われているその時…

さっきの女の子が、パパを引き連れてやって来ました。

…ん？　んんん？？？

何と！　手に持っていたのは…レインボーカラーの…アルパカのぬいぐるみΣ(ﾟДﾟ;)！！？？

「Googleで調べて…買ってきたの!!　探せてよかった！　これ、ピコ太郎さんにプレゼント！」

どこで手に入れたぁ？！！

あれから1時間ほどしか経ってないのに!!

…泣くよ。泣くって。

ピコ太郎は驚きと喜びに満ち溢れていたが…

僕は…涙が出てしまいました。

俺らは幸せ者だよ。。

そして…

「抱きついていい⁉　ねえ、ハグしよ‼」

両手を羽根のように広げてニコニコしながら…ギューーーッてピコ太郎を抱きしめる。

泣きます。

「ありがとね！…サイン書くよ…」

ピコ太郎は、海外でサインの横に名前を書く時、スペイン語やフランス語など、文字が難しい場合スタッフに予め名前をアルファベットでメモに書いてもらってそれを渡してもらう。それを見て書くことがあるのですが…

その名前…

その名前はこう書いてありました。

「AIRI」

奇跡だ。

奇跡だよ。


あいりちゃんだよ。


少なくとも、僕はそう思って止まないんです。

奇跡が起こったんだ。


起こらない奇跡と起こった奇跡。


遠い日本とスペインの二人の「AIRI」。

スペインの名前としてもかなり珍しいみたいで…。だとしたら、尚の奇跡。。。

今回、こんなに長く、重く、更に書かなくてもいいことを書いたのは…

この2つの…奇跡。。
起こる奇跡と起こらなかった奇跡。
これを、あいりちゃんのお母様に伝えたくて…
そして…そして、そんな小さくて強くて可愛くて頑張ったけど…
早すぎる死を迎えた…あいりちゃんを、僕なりに送ってあげたくて。。
名前はあくまでも名前だし、こんなの偶然だよ！と、言う人もいるかもしれないけど…

果たして…どれくらいの確率なのか??
とんでもない確率なはず。

僕は奇跡だと思う。

そうだ。
奇跡なんだ!!

ＡＩＲＩちゃん…

とても可愛いアルパカ…ピコ太郎は宝物にするって。ありがとうって言ってるよ。

Alpaca muy linda! Piko Taro dice que sea un tesoro. Estoy diciendo gracias.

あいりちゃん…
もう、辛い治療はしなくても良いよ。
痛い思いしなくても良いよ。
ピコ太郎は永遠に君のことは忘れないよ。
ゆっくり休んで。
また、面白い事するから…
一緒に踊ってあげて。
どうせ、ピコの事だから、しょうもない歌しか作らないだろうけど
また飛び跳ねてね。

一旦…おやすみなさい。

またね。

ピコ太郎　古坂大魔王

こんな偶然があるだろうか。僕には奇跡としか思えない。
金ピカの衣装に角刈り、サングラスの姿で、ピコ太郎は愛を世界中に広げていく。
笑いと音楽の力を信じて、ピコ太郎と僕はこれからもますます世界を駆け巡るのだ。

これを読んだ君も、自分の好きなことやハマれることに、とことんこだわって、世界中に愛を振りまいてほしい。
きっと誰かが見つけてくれるはずだ。

2019年1月

古坂大魔王

装幀　トサカデザイン（戸倉 巌、小酒保子）
ブックライター　荒井香織
編集　箕輪厚介（幻冬舎）

ピコ太郎のつくりかた

2019年1月30日　第1刷発行

著者
古坂大魔王
発行者
見城 徹
発行所
株式会社 幻冬舎
〒151-0051 東京都渋谷区千駄ヶ谷4-9-7
電話　03(5411)6211［編集］
　　　03(5411)6222［営業］
振替　00120-8-767643
印刷・製本所
中央精版印刷株式会社

ISBN978-4-344-03426-6　C0095
幻冬舎ホームページアドレス
http://www.gentosha.co.jp/

この本に関するご意見・ご感想をメールで
お寄せいただく場合は、
comment@gentosha.co.jpまで。